AI와 컬러

AI문고

인공지능 시대입니다. 기계가 인간의 인지를 대신하고, 사물이 인간을 통하지 않고 다른 사물과 직접 커뮤니케이션합니다. 이에 따른 인간 삶과 문명 변화를 정확히 이해 · 예측 · 대응하는 것은 이 시대 우리 모두의 과제입니다. AI문고는 인공지능 기술과 환경의 여러 주제를 10가지 키워드로 정리합니다. 관련 개념과 이론, 학계와 산업계의 쟁점, 우리 일상의 변화를 다룹니다. 인간과 기술의 현재, 미래를 세심히 분석합니다.

일러두기

- 인명, 작품명, 저서명, 개념어 등은 한글과 함께 괄호 안에 해당 국가의 원어를 병기했습니다.
- 외래어 표기는 현행 어문규정의 외래어표기법을 따랐습니다.

처음이세요?

전문가세요?

AI와 컬러

김환

대한민국, 서울, 커뮤니케이션북스, 2025

AI와 컬러

지은이 김환
펴낸이 박영률

초판 1쇄 펴낸날 2025년 6월 30일

커뮤니케이션북스(주)
출판 등록 2007년 8월 17일 제313-2007-000166호
02880 서울시 성북구 성북로 5-11
전화(02) 7474 001, 팩스(02) 736 5047
commbooks@commbooks.com
www.commbooks.com

ISBN 979-11-430-0410-9 03500

책값은 뒤표지에 표시되어 있습니다.

차례

AI가 열어 가는 색채 혁신의 시대

우리는 매일 수많은 색채 속에서 살아간다. 거리의 광고판, 스마트폰 화면, 의류와 화장품은 물론 일상에서 보는 모든 사물에 색이 존재한다. 과거에는 색채가 예술이나 디자인 등 한정된 영역에서 다뤄졌으나, 디지털 전환이 가속화되면서 그 범위는 산업 전반으로 확장되었다. 특히 인공지능(Artificial Intelligence, 이하 AI)의 급격한 발전은 '색채'를 단순 미적 요소가 아닌 거대한 데이터로 조명하게 만들었다. 색은 시각 정보를 함축하는 핵심 수단이며, AI 기술은 이러한 색 정보를 정밀하게 해석 · 활용해 새로운 변화를 이끌어 내고 있다.

AI가 색채 혁신의 주요 동인으로 주목받는 이유는 명확하다. 첫째, 딥 러닝(Deep Learning) 알고리즘의 발전으로 픽셀 단위의 색 정보까지 학습과 해석이 가능해졌다(He et al., 2016). 이는 단순한 필터나 색 보정 수준을 넘어, 이미지 전반의 색 맥락과 분위기를 이해하고 생성하는 단계로 나아가게 했다. 둘째, 빅데이터 시대가 열리면서 웹과 소셜 미디어에 축적된 방대한 시각 자료가

AI 학습의 기반이 되어, '색을 어떻게 정의하고 표현할 것인가'를 두고 AI가 수많은 실험을 이어 갈 수 있게 되었다.

AI 색채 처리의 기술적 기반

AI가 색채를 처리하는 핵심 기술은 합성곱 신경망(Convolutional Neural Network, CNN)에 기반한다. CNN은 이미지의 픽셀 정보를 계층적으로 분석하여 색상, 채도, 명도 등의 특징을 추출한다. 특히 U-Net 구조는 이미지 분할과 색채 변환 작업에서 뛰어난 성능을 보인다(Ronneberger et al., 2015). 이러한 네트워크는 입력 이미지의 공간적 정보를 보존하면서도 깊은 특징을 학습할 수 있어 색채 복원이나 변환 작업에 적합하다.

생성적 적대 신경망(Generative Adversarial Networks, GAN)은 AI 색채 혁신의 또 다른 축을 담당한다. GAN의 생성자와 판별자가 경쟁하며 학습하는 구조는 사실적인 색채 생성을 가능하게 한다. Pix2Pix나 CycleGAN 같은 모델은 색채 변환 작업에서 획기적인 성과를 보여주었다(Isola et al., 2017). 이들 모델은 단순한 색 매핑을 넘어 맥락을 이해하고 자연스러운 색채 전환을 구현한다.

최근에는 트랜스포머(Transformer) 구조를 활용한 색채 처리 연구도 활발하다. Vision Transformer(ViT)는 이미지를 패치 단위로 분할하여 처리함으로써 전역적 색채 관계를 더 효과적으로 학습한다(Dosovitskiy et al., 2020). 이는 복잡한 색채 구성을 가진 이미지에서도 일관된 색 변환을 가능하게 한다.

컬러라이제이션: 과거와 현재를 잇는 기술

AI로 인한 색채 혁신을 대표적으로 보여 주는 사례는 '컬러라이제이션(colorization)' 기술이다. 흑백 이미지를 자동 채색하는 이 기술은 실제 시대적 분위기나 장소의 고유 색감을 고려해, 과거에는 전문가들이 오랜 시간을 들여 일일이 채색하던 작업을 고도화 및 자동화한다(Zhang et al., 2016; Cheng et al., 2015). 예컨대 오래된 흑백 사진이나 필름 속 인물이나 배경색 등을 AI가 과거 자료와 역사적 기록을 바탕으로 사실적으로 복원하는 식이다.

이뿐만 아니라 AI는 인간이 미처 상상하지 못했던 새로운 색 조합도 발굴한다. 생성 모델(Generative Model)과 뉴럴 네트워크를 통해 독창적 팔레트나 시각 양식을 제안함으로써 예술적 가능성을 크게 확장한다(Gatys et al., 2016). 인간의 관점에서 낯선 색 배합도 AI가 수많은 데이터를 학습하며 찾아 낸 결과라면, 그 안에서 참신하고 독특한 미학적 가치를 발견할 수 있다.

색채 데이터의 표준화와 디지털 변환

색채를 디지털 데이터로 변환하고 표준화하는 과정은 AI 학습의 기초가 된다. CIE Lab* 색 공간은 인간의 색 지각과 유사한 방식으로 색을 표현하여 AI 학습에 적합하다(Sharma et al., 2005). L은 명도, a는 적색-녹색 축, b*는 황색-청색 축을 나타내며, 이러한 수치화를 통해 AI는 색차를 정량적으로 계산할 수 있다.

팬톤(Pantone), RAL, NCS 등 산업 표준 색채 시스템도 디지털화되어 AI 학습 데이터로 활용된다. 이들 시스템은 물리적 색견본을 디지털 값으로 매핑하여 산업 간 색채 소통을 원활하게 한다. AI는 이러한 표준 데이터베이스를 학습하여 브랜드 색채 가이드라인 준수 여부를 자동으로 검증한다.

분광 데이터의 활용도 증가하고 있다. 단순한 RGB 값이 아닌 전체 가시광선 스펙트럼 정보를 활용하면 메타메리즘(metamerism) 문제를 해결할 수 있다. AI는 분광 데이터를 분석하여 다양한 조명 조건에서도 일관된 색 재현을 보장한다.

마케팅과 브랜딩

마케팅, 브랜딩, 패션, 뷰티 업계에서 색채 관련 AI 솔루션이 이미 활용되고 있다. 기업은 소비자 심리와 시장 트렌드를 분석해 브랜드 컬러를 정할 때, 소셜 미디어, 설문, 매출 자료 등을 종합 분석하는 AI의 도움을 받아 목표 소비자에게 최적화된 색을 선별한다(Labrecque et al., 2013). 패션과 뷰티 산업에서는 개인 성향이나 체형, 피부 톤 등을 고려한 맞춤형 색 추천 서비스를 제안하면서 새로운 소비자 경험을 창출하고 있다.

의료 영상 진단

의료 분야에서 AI 색채 기술은 진단 정확도를 높이는 핵심 도구로 자리잡았다. 병리학 슬라이드의 디지털 염색 기술은 실제 화학 염색 없이도 조직의 특성을 시각화한다. AI는 H&E(Hematoxylin and Eosin) 염색 이미지를 다른 특수 염색 이미지로 변환하여 진단 시간과 비용을 절감한다(Rivenson et al., 2019). 내시경 검사에서는 AI가 실시간으로 색채를 강화하여 미세한 병변을 더 명확하게 구분할 수 있도록 돕는다.

망막 이미지 분석에서도 AI의 색채 처리 능력이 중요하다. 당뇨병성 망막병증이나 녹내장 진단 시 미세한 색 변화를 감지하여 조기 진단을 가능하게 한다. AI는 안저 사진의 적색, 녹색, 청색 채널을 개별 분석하여 혈관 이상이나 출혈 부위를 정확히 식별한다.

자동차 산업

자동차 제조업에서 AI 색채 기술은 품질 관리와 디자인 혁신을 주도한다. 도장 공정에서 AI는 실시간으로 색 균일성을 검사하고 미세한 색차를 감지한다. 자동차 제조사들은 분광광도계와 AI를 결합하여 도장 품질을 자동 평가하는 시스템을 구축했다. 이는 육안 검사의 한계를 극복하고 일관된 품질 기준을 유지하는 데 기여한다.

자율주행 시스템에서도 색채 인식이 중요하다. AI는 신호등, 표지판, 차선의 색을 정확히 구분하여 안전한 주행을 보장한다. 특히 악천후나 야간 주행 시 색 정보가 불명확한 상황에서도 AI는 학습된 패턴을 바탕으로 정확한 판단을 내린다.

건축 및 인테리어

건축 분야에서 AI는 공간과 조명 조건에 따른 최적 색채를 제안한다. 자연광의 변화, 인공 조명의 색온도, 주변 환경과의 조화 등을 종합적으로 고려하여 색채 계획을 수립한다. BIM(Building Information Modeling)과 AI를 결합하여 건물 외관의 색채가 시간대와 계절에 따라 어떻게 보일지 시뮬레이션한다.

실내 디자인에서는 거주자의 심리적 안정과 공간 기능을 고려한 색채 추천이 이루어진다. AI는 공간의 용도, 사용자 연령, 문화적 배경 등을 분석하여 맞춤형 색채 팔레트를 제안한다. 가상현실(VR)과 결합하여 색채 변경을 실시간으로 체험할 수 있는 서비스도 등장했다.

AI 기반 색채 예측과 트렌드 분석

AI는 방대한 시각 데이터를 분석하여 미래 색채 트렌드를 예측한다. 소셜 미디어, 패션쇼, 인테리어 잡지 등에서 수집된 이미지를 분석하여 색채 사용 패턴의 변화를 추적한다. 시계열 분석과 머신러닝을 결합하여 계절별, 지역별 색채 선호도 변화를 예측한다.

구글의 Art & Culture 프로젝트는 수백만 점의 예술 작품을 분석하여 시대별 색채 사용 경향을 밝혀냈다. AI는 각 시대의 대표적 색채 팔레트를 추출하고, 사회 문화적 맥락과 연결하여 해석한다. 이러한 분석은 현대 디자인에서 역사적 색채를 재해석하는 데 활용된다.

패션 산업에서는 AI가 런웨이 이미지와 거리 패션 사

진을 실시간 분석하여 색채 트렌드의 확산 과정을 추적한다. 특정 색채가 하이엔드 브랜드에서 대중 브랜드로 전파되는 시간과 경로를 예측하여 상품 기획에 반영한다. WGSN, Peclers Paris 같은 트렌드 예측 기관들도 AI를 활용하여 색채 예측의 정확도를 높이고 있다.

색채 접근성과 포용적 디자인

색각 이상자를 위한 컬러 보정, 웹과 앱에서 접근성을 높이는 자동 색 배색 조정, 공정 라인에서의 색 편차 검출 등은 이미 상당 부분 AI에 의해 구현되고 있다. 전 세계 남성의 약 8%, 여성의 0.5%가 색각 이상을 가지고 있으며, AI는 이들을 위한 색채 보정 솔루션을 제공한다(Birch, 2012). 실시간으로 화면의 색을 조정하여 적록 색맹, 청황 색맹 등 다양한 유형의 색각 이상자가 정보를 정확히 인식할 수 있도록 돕는다.

웹 콘텐츠 접근성(WCAG 2.1)에 대한 국제 표준이 제시하는 색 대비와 가시성 기준을 AI가 즉시 분석하고 적용해 각 사용자에게 맞춤 화면을 제공한다(W3C, 2018). 색 대비 비율 4.5:1을 자동으로 검증하고 조정하는 AI 도구들이 개발되어 텍스트와 배경색의 조합을 분석하여 가독성을 보장하면서도 디자인 의도를 최대한 유지하는 대안을 제시한다.

교육 자료와 인포그래픽 제작에서도 AI는 색맹 친화적 팔레트를 자동 생성한다. ColorBrewer 2.0과 같은 도구는 데이터 시각화에서 색각 이상자도 구분 가능한 색 조합을 제공한다(Harrower & Brewer, 2003). AI는 이러한 원칙을 학습하여 자동으로 접근 가능한 색채 디자인을 생성한다.

제조 공정 과정에서도 미세한 색 차이를 실시간으로 파악해 품질 관리에 적용함으로써 오류를 줄이고 효율을 높인다. 예술가 또한 AI가 제안하는 독특한 색 팔레트를 활용해 창작할 때, 알고리즘이 발견한 새로운 색채 패턴에서 독특한 미학적 가능성을 발견할 수 있다.

색채 데이터의 윤리적 고려 사항

AI의 색채 학습 과정에서 편향 문제가 발생할 수 있다. 학습 데이터가 특정 문화권이나 인종에 치우쳐 있을 경우, AI는 피부색 재현이나 문화적 색채 의미 해석에서 편향된 결과를 낳을 수 있다. 구글 포토가 흑인을 고릴라로 분류한 사건은 AI의 색채 인식 편향이 야기할 수 있는 문제를 보여준다.

화장품 업계에서 AI 기반 파운데이션 매칭 시스템은

다양한 피부 톤을 공정하게 다루기 위해 노력하고 있다. Fenty Beauty의 40가지 파운데이션 색상 개발 과정에서 AI는 전 세계 다양한 피부 톤 데이터를 분석하여 포용적 제품 라인을 구축하는 데 기여했다.

문화적 색채 의미의 차이도 고려되어야 한다. 백색이 서구에서는 순수를, 동아시아에서는 애도를 의미하는 것처럼, AI는 문화적 맥락을 학습하여 적절한 색채를 제안해야 한다. 글로벌 브랜드들은 AI를 활용하여 지역별 색채 선호도와 금기를 분석하고 현지화 전략을 수립한다.

색채 AI의 창의적 협업

AI와 인간 창작자 간 협업은 새로운 창의적 가능성을 열어준다. Adobe의 Color CC는 AI를 활용하여 이미지에서 조화로운 색채 팔레트를 추출하고, 색채 이론에 기반한 변형을 제안한다. 디자이너는 AI가 제안한 팔레트를 출발점으로 삼아 독창적 작품을 창조한다.

예술 분야에서 Mario Klingemann, Refik Anadol 같은 작가들은 AI를 활용하여 색채 기반 미디어 아트를 창작한다. GAN을 통해 생성된 추상적 색채 패턴은 인간의 상상력을 자극하고 새로운 미적 경험을 제공한다. AI는 도구이자 협업자로서 예술가의 색채 탐구를 확장한다.

음악 시각화 분야에서도 AI는 소리를 색채로 변환하는 시네스테시아적 경험을 창출한다. 음향 특성을 분석하여 실시간으로 대응하는 색채 패턴을 생성함으로써 청각 장애인도 음악을 시각적으로 경험할 수 있게 한다.

색채 패러다임의 변화

색채는 본디 주관적 감성의 영역에 속했으나, 이제는 알고리즘과 데이터 분석을 통해 객관적 기준과 예측 모델로 다듬어지고 있다(Elliot & Maier, 2014). 개인의 심리, 문화, 맥락적 요소가 반영된 색 데이터는 시장에 반영되어 차별화된 제품과 서비스를 낳는다. 이는 소비 경험의 양상을 변화시키고, 예술이나 디자인 분야에서도 '감성'이라 불리던 영역을 재해석할 기회를 제공한다.

AI가 색채를 다루는 방식은 우리에게 '색이란 무엇이며, 어떻게 바라보고 활용할 것인가'라는 근본적 질문을 다시 던진다. 앞으로 컬러라이제이션, 색채 복원, 자동 컬러 그레이딩, 마케팅 색 데이터 분석 등 다양한 영역에서 AI는 점차 필수적인 도구로 자리 잡을 것이다.

미래 전망과 과제

양자 컴퓨팅의 발전은 색채 처리 AI의 성능을 비약적으로 향상시킬 전망이다. 복잡한 광학 시뮬레이션과 대규모 색채 데이터 처리가 실시간으로 가능해지면서, 더욱 정교한 색채 예측과 생성이 가능해질 것이다.

뉴로모픽 칩의 개발도 주목할 만하다. 인간의 시각 신경을 모방한 하드웨어는 색채 처리에서 에너지 효율성을 크게 개선할 수 있다. 이는 모바일 기기에서도 고급 색채 AI 기능을 구현할 수 있게 만들 것이다.

증강현실(AR)과 혼합현실(MR) 기술의 발전은 물리적 세계와 디지털 색채의 경계를 흐리게 할 것이다. AI는 실시간으로 환경을 분석하여 가상 객체의 색채를 주변과 자연스럽게 조화시킨다. Apple의 ARKit과 Google의 ARCore는 이미 환경 조명을 분석하여 가상 객체의 색채를 조정하는 기능을 제공한다.

그러나 해결해야 할 과제도 남아 있다. 색채 AI의 계산 복잡도를 줄이면서도 품질을 유지하는 것, 개인정보를 보호하면서 개인화된 색채 서비스를 제공하는 것, 창작물의 저작권과 AI 생성 색채 디자인의 소유권 문제 등이 그것이다.

표준화 측면에서도 과제가 있다. 다양한 디스플레이

기술(OLED, MicroLED, E-ink)과 AI 색채 처리 간 일관성을 유지하는 것이 중요하다. ICC(International Color Consortium) 프로파일의 AI 통합, HDR(High Dynamic Range) 콘텐츠의 색채 매핑 등 기술적 표준 확립이 필요하다.

결론

이 책 『AI와 컬러』는 이처럼 AI가 색에 관해 가져올 혁신을 포괄적으로 살펴보고, 예술가, 디자이너, 마케터, 개발자를 비롯한 다양한 분야 종사자에게 대응 전략과 학습 방향, 새로운 비즈니스 기회를 제안하고자 한다.

AI와 색채의 만남은 단순한 기술 혁신을 넘어 인간의 시각 경험을 근본적으로 재정의하고 있다. 의료 진단에서 예술 창작까지, 제조업에서 엔터테인먼트까지, AI는 색채를 통해 산업 전반에 혁신을 가져오고 있다. 색채 AI 기술의 발전은 접근성을 높이고 창의성을 확장하며 효율성을 개선한다. 동시에 문화적 다양성을 존중하고 윤리적 고려 사항을 반영하는 방향으로 발전해야 한다.

이 책은 AI가 색채를 얼마나 정교하고 다양하게 다룰 수 있는지를 구체적으로 보여 주고, 그 과정에서 인간의 창의성과 AI가 어떤 방식으로 협업할 수 있는지를 다룬다. 무엇보다 '인간의 감각과 정서를 대체'하는 것이 아니라 '인간의 한계를 확장'하는 파트너로서의 AI를 강조한다. AI는 인간의 색채 감각을 대체하는 것이 아니라 증강하고 확장하는 도구로 자리매김할 것이다.

미래의 색채 전문가들은 AI와 협업하는 능력이 필수가 될 것이다. 기술적 이해와 창의적 비전을 겸비한 인재가 색채 AI 시대를 이끌어갈 것이다. 색을 둘러싼 패러다임이 변화하고 있는 지금, 이 책이 색채 활용 역량을 높이고 미래 산업의 변화를 준비하는 데 도움을 주길 바란다. 이 책이 제시하는 지식과 통찰이 독자들이 AI 색채 혁명에 능동적으로 참여하고 새로운 기회를 창출하는 데 도움이 되기를 바란다.

참고문헌

Birch, J. (2012). Worldwide prevalence of red-green color deficiency. Journal of the Optical Society of America A, 29(3), 313-320.

Cheng, Z., et al. (2015). Deep colorization. In Proceedings of the IEEE International Conference on Computer Vision (ICCV) (pp. 415-423).

Dosovitskiy, A., et al. (2020). An image is worth 16x16 words: Transformers for image recognition at scale. arXiv preprint arXiv:2010.11929.

Elliot, A. J., & Maier, M. A. (2014). Color psychology: Effects of perceiving color on psychological functioning in humans. Annual Review of Psychology, 65, 95–120.

Gatys, L. A., et al. (2016). Image style transfer using convolutional neural networks. In Proceedings of the IEEE Conference on Computer Vision and Pattern Recognition (CVPR) (pp. 2414–2423).

Harrower, M., & Brewer, C. A. (2003). ColorBrewer.org: An online tool for selecting colour schemes for maps. The Cartographic Journal, 40(1), 27–37.

He, K., et al. (2016). Deep residual learning for image recognition. In Proceedings of the IEEE Conference on Computer Vision and Pattern Recognition (CVPR) (pp. 770–778).

Isola, P., et al. (2017). Image-to-image translation with conditional adversarial networks. In Proceedings of the IEEE Conference on Computer Vision and Pattern Recognition (CVPR) (pp. 1125–1134).

Labrecque, L. I., et al. (2013). The marketers' prismatic palette: A review of color research and future directions. Psychology & Marketing, 30(2), 187–202.

Rivenson, Y., et al. (2019). Virtual histological staining of unlabelled tissue-autofluorescence images via deep learning. Nature Biomedical Engineering, 3(6), 466–477.

Ronneberger, O., Fischer, P., & Brox, T. (2015). U-net: Convolutional networks for biomedical image segmentation. In International Conference on Medical Image Computing and Computer-Assisted Intervention (pp. 234–241).

Sharma, G., Wu, W., & Dalal, E. N. (2005). The CIEDE2000 color-difference formula: Implementation notes, supplementary test data, and mathematical observations. Color Research & Application, 30(1), 21–30.

W3C (World Wide Web Consortium). (2018). Web content accessibility guidelines (WCAG) 2.1. https://www.w3.org/TR/WCAG21/

Zhang, R., et al. (2016). Colorful image colorization. In Proceedings of the European Conference on Computer Vision (ECCV) (pp. 649–666).

01
AI와 색채 이해의 기초

색은 우리의 일상에 깊숙이 스며 있다. 사물을 파악할 때 가장 먼저 눈에 들어오는 정보가 색이고, 우리는 색을 통해 형태나 분위기를 가늠한다. 그러나 인간의 '색' 지각은 주변 조도나 배경, 심리 상태 등 다양한 요인에 좌우된다. 그래서 같은 사물을 보더라도 개인마다 다르게 느끼거나, 상황에 따라 전혀 다른 인상을 받을 수 있다. 이러한 색 지각의 상대성에도 불구하고 디지털 환경에서는 색을 일정한 방식으로 정의하고 표현해야 한다.

AI와 1인 창업?

디지털 시대가 도래하면서 색에 대한 접근 방식은 예술이나 디자인 중심에서 '데이터'와 '알고리즘'으로 옮겨 가기 시작했다. 색은 이제 감성적, 미학적 영역을 넘어, 정확하게 측정하고 일관되게 재현해야 하는 대상이 되었다. 더 나아가 인공지능 기술은 컬러 데이터를 수집, 분석, 생성하는 과정을 자동화 및 고도화함으로써, 인간이 미처 인식하지 못한 색의 구조와 가능성을 새롭게 열어주고 있다. 이 장에서는 이러한 변화의 기초가 되는 '색의 본질'과 '디지털 색 표현 방법'을 개괄적으로 살펴보고, AI가 색을 어떻게 이해하고 학습하는지 그 핵심 원리를 소개하고자 한다.

인간의 색 지각과 정의

인간의 눈은 망막에 있는 세 종류의 원추세포(Cones)를 통해 빛의 파장 정보를 받아들인다. 각 원추세포는 대략 빨강(Red), 초록(Green), 파랑(Blue)에 해당하는 파장대에 반응하고, 이들의 자극 정도를 통해 색을 느낀다(Elliot & Maier, 2014). 그런데 색 지각은 단순히 물리적 자극으로만 설명되지 않는다. 동일한 파장이라도 주변 환경, 비교 대상, 조명의 색온도, 개인적 경험이 복합적으로 작용해 지각 색을 달라지게 만든다.

그럼에도 사람들은 특정 색을 '빨강', '파랑', '노랑' 등 일정한 어휘로 표현하고, 이를 바탕으로 소통한다. 요하네스 이텐(Johannes Itten)은 『색채 예술(The Art of Color)』(1961)에서 원색(Primary Color), 2차색(Secondary Color), 3차색(Tertiary Color) 체계를 통해 색의 개념적 구분법을 제시했는데, 이는 예술, 디자인 영역뿐 아니라 일반 교육에서도 기본 틀로 활용되고 있다. 또한 요제프 알베르스(Josef Albers)는 『색채 상호작용(Interaction of Color)』(1975)에서 "색은 주변 맥락에 따라 끊임없이 변화한다"고 지적하며, 동일한 색도 배경이나 조합에 따라 전혀 다르게 보일 수 있음을 강조했다. 이러한 연구들은 인간의 색 지각이 얼마나 상대적이고 맥락적인지를 잘 보여 준다.

디지털 환경에서의 색 표현

디지털 기기의 화면에서 색이 표현되는 방식은 물리적 색 지각과는 다르게, 주로 RGB(Red-Green-Blue) 혹은 CMYK(Cyan-Magenta-Yellow-Key) 등 특정 색 모델을 기준으로 수치화된다. 예컨대 sRGB 표준은 빨강 · 초록 · 파랑 각각을 0부터 255까지 단계로 나누어(8비트) 조합함으로써, 최대 1677만여 가지 색 표현을 가능하게 한다(Fairchild, 2013). 그러나 이 수치적 조합이 '인간에게 어떻게 보이는지'를 완벽히 보장하지는 않는다. 화면의 화질, 명암비, 주변 조명의 색온도, 사용자의 시각 특성 등에 따라 실제 색감이 달라질 수 있다.

그래서 디지털 시스템에서는 ICC 프로파일(International Color Consortium profile)을 활용해 장치마다 다른 색 재현 특성을 통일하고자 노력한다. 예컨대 동일한 이미지를 서로 다른 모니터나 인쇄물에서 최대한 유사한 색으로 보이게 하려면, 각각의 장치가 표현할 수 있는 색역(Gamut, 色域)을 측정하고, 표준화된 프로파일을 적용해 보정한다(Stone, 2011). 색역이 좁은 기기에서는 어떤 색은 재현이 불가능할 수 있고, 이런 부분을 감안해 가까운 색으로 치환하는 과정이 필요하다. 이는 디지털 시대에 들어서 컬러 관리(Color Management)가 하나의 전문 영역으로 자리 잡게 된 배경이다.

AI가 색을 '이해'한다는 의미

과거에는 색 보정이나 매칭 작업이 '전문가의 경험과 감각'에 크게 의존했다. 그러나 AI가 도입되면서, 수많은 표본 데이터를 학습한 알고리즘이 색 정보를 자동 분석하고 처리하기 시작했다. 예컨대 딥 러닝 기반의 신경망은 수십만 장 이상의 이미지를 학습하면서 픽셀 단위의 색 분포와 패턴을 통계적으로 추론한다(He et al., 2016). 여기서 'AI가 색을 이해한다'는 것은 결국 특정 색 조합이 어떤 맥락에서 등장하고, 어떤 시각적, 인지적 결과를 낳는지 알고리즘이 확률적으로 파악한다는 뜻이다.

색의 수학적, 과학적 특성을 바탕으로, AI는 이미지 분류나 객체 인식 과정에서도 색을 주요 단서로 사용한다. 이는 "빨간색 영역이 많으면 사과일 가능성이 높다" 같은 단순 규칙이 아니라, 색상의 채도, 명도, 조화 관계 등 복합적 요소를 고려해 사물을 인지한다. AI가 색 편차를 감지하고, 흑백 사진을 시대적 맥락에 맞춰 복원하며, 생성 모델을 통해 새로운 색 조합을 제안하는 것도 이 '확률 기반 추론' 덕분이다(Gatys et al., 2016).

색 재현과 접근성

AI가 색을 이해하고 처리하는 과정에서 중요한 문제 중 하나는 '접근성'이다. 사람에 따라 색을 구별하기 어려운 경우가 있고, 이는 색각 이상(Color Vision Deficiency)을 가진 사용자뿐 아니라 다양한 조명 환경이나 기기 조건에서도 발생한다. 웹 콘텐츠 접근성 가이드라인

(WCAG)에서는 텍스트와 배경 색 사이의 대비 비율, 시청각 콘텐츠에 대한 대체 정보 제공 등을 구체적으로 명시하고 있는데, AI가 이 부분을 자동화해 주목받고 있다. 예컨대 어떤 사용자의 색각 특성 프로파일이 입력되면, 시스템이 자동으로 색 대비를 조정해 사용자에게 최적화된 화면을 보여 줄 수 있다(Fairchild, 2013).

나아가 음성 인식이나 사물인터넷(IoT)과 연계된 환경에서는 조명 색을 동적으로 바꿔, 시력이나 주의력이 떨어지는 사용자가 더 편안히 작업할 수 있도록 지원하기도 한다. 이처럼 색은 정보 전달 이상의 의미를 지니며, AI가 이를 감지하고 조절하는 기술은 미래의 스마트 환경에서 필수 역량으로 꼽힌다.

AI 시대의 색채 개념 확장

AI가 색을 다루면서 가져온 가장 큰 변화 중 하나는 '색의 자율적 생성과 제안'이다. 과거에는 인간이 의도한 팔레트 또는 미학적 기준을 토대로 색을 선정했다면, 이제는 AI가 방대한 데이터를 바탕으로 우리에게 낯선 조합을 보여 주기도 한다. 이러한 AI 추천 색상은 흥미롭게도 전혀 어울리지 않을 것 같은 배열이 의외의 조화를 만들어 내거나, 특정 사용자 집단이 선호할 만한 잠재적 취향을 발굴하는 계기로 작용한다.

예술과 디자인, 심지어 마케팅 현장에서도 이는 새로운 기회를 연다. 개인 맞춤형 웹 디자인이나 제품 패키지 색상을 실시간으로 추천받을 수 있고, 예술가는 AI가 찾아낸 독특한 색 배합으로 작품을 완성할 수 있다. 결국 '인간이 보았을 때 아름답거나 의미 있다고 느끼는 색'을 찾는 일에도 AI는 참여하게 된다. 과연 이것이 '창의성의 훼손'인지, '창작의 협업 파트너'인지에 대한 논의는 현재 진행형이다. 중요한 것은 AI가 색채를 이해하는 방식이 점점 더 정교해지고, 그 결과물 또한 다양해지고 있다는 사실이다.

감성, 문화적 맥락과 AI

색은 단순히 물리적 자극이 아니라, 문화적, 심리적 맥락 속에서 다양한 함의를 지닌다. 예를 들어 동아시아 문화권에서 붉은색은 길상(吉祥)과 축하를 상징하지만, 서구권에서는 경고나 위험을 표시하는 색으로도 인식된다. AI가 색을 다루는 과정에서 이 같은 문화적 차이를 어떻게 반영할 것인지는 커다란 과제다(Albers, 1975). 데이터 학습 과정에서 문화권별, 사용자 집단별 색 선호도나 의도를 반영하도록 알고리즘을 설계한다면, 보다 맞춤화된 컬러 경험을 제공할 수 있을 것이다.

특히 글로벌 브랜드를 운영하는 기업이라면, 국가별, 문화권별로 달라지는 색 상징을 체계적으로 관리할 필요가 있다. 이때 AI가 대규모 시장 데이터를 분석해 "어떤 문화권에서는 파랑이 신뢰와 안전을 의미하지만, 다른 문화권에서는 슬픔이나 우울함으로 해석된다"는 식의 통찰을 제공할 수 있다. 이를 제품 디자인, 광고, 마케팅에 접목하면, 소비자와의 정서적 접점을 효율적으로 형성하는 데 큰 도움이 된다.

AI 학습과 컬러 데이터 확보

AI가 색채를 학습하기 위해서는 양질의 컬러 데이터가 필수다. 이미지의 메타데이터(촬영 환경, 작가 의도, 제작 시기 등)나 문화적 배경 정보까지 포함해야 단순한 픽셀 RGB 정보 이상의 맥락적 분석이 가능하다. 그러나 문제는 대규모 데이터 확보와 정규화가 쉽지 않다는 점이다. 실제로 다양한 디지털 플랫폼에서 생성되는 이미지들은 촬영 기기의 특성, 파일 형식, 후반 편집 여부 등 수많은 변수가 혼재해 있다.

그럼에도 AI 컬러 처리는 점점 정교해지고 있다. 이는 단순히 데이터 양이 많은 데 그치지 않고, 딥 러닝 모델의 구조가 진화하고 있다는 데 기인한다(He et al., 2016). 초해상도(Super-Resolution)나 스타일 트랜스퍼(Style Transfer) 같은 기법이 색 복원과 변환에 도입되면서, AI가 '색'을 다루는 수준이 한층 높아졌다. 결국 앞으로는 색채 정보를 일반 텍스트나 숫자 데이터처럼 표준화해 관리하고, AI가 이 모든 요소를 복합적으로 분석하도록 하는 체계가 보편화될 것으로 전망된다.

AI와 색채 이해의 미래

디지털 시대에 색은 상징성이나 심미성을 넘어, 대규모 데이터와 AI 알고리즘이 결합해 끊임없이 재해석되는 대상이 되었다. 앞으로는 '객관적인' 색 표현뿐 아니라, 개인의 감각과 문화적 배경을 반영한 '맞춤형' 컬러 시스템이 더 활발히 개발될 것이다. 또한 예술가, 디자이너, 마케터, 개발자는 AI가 제안하는 새로운 색 영역을 적극적으로 탐색함으로써 독창적 아이디어를 구현할 수 있다.

이 장에서 살펴본 것처럼, 인간의 색 지각은 매우 주관적이고 역동적인 반면, 디지털 기기와 AI 알고리즘이 색을 다루는 방식은 수학적, 물리적 규칙에 기반을 둔다. 그러나 이 둘은 대립이 아니라 상호 보완적 관계다. AI가 색을 정교하게 처리할수록, 인간은 더 깊이 있는 창작과 의사 결정에 집중할 수 있다. 색채 이해의 영역이 학제 간 통합(Interdisciplinary)으로 확장되고 있는 지금, AI와 협업하는 색의 미래가 더욱 흥미롭게 펼쳐질 것이다.

참고문헌

Albers, J.(1975). *Interaction of color*(Rev. ed.). Yale University Press.

Elliot, A. J. & Maier, M. A.(2014). Color psychology: Effects of perceiving color on psychological functioning in humans. *Annual review of psychology*, 65, pp.95-120.

Fairchild, M. D.(2013). *Color appearance models*(3rd ed.). Wiley.

Gatys, L. A., et al.(2016). Image style transfer using convolutional neural networks. In Proceedings of the IEEE Conference on Computer Vision and Pattern Recognition(CVPR), pp. 2414-2423.

He, K., et al.(2016). Deep residual learning for image recognition. In Proceedings of the IEEE Conference on Computer Vision and Pattern Recognition(CVPR), pp.770-778.

Itten, J.(1961). *The art of color*. Van Nostrand Reinhold.

Stone, M. C.(2011). *A field guide to digital color*(2nd ed.). A K Peters/CRC Press.

02
AI 컬러 분석과 객체 분류

색은 인간이 시각 정보를 얻는 중요한 단서 중 하나다. 일상에서 우리가 사물을 구별할 때, 가장 먼저 확인하는 것 역시 색일 때가 많다. 꽃과 나무, 상품 패키지나 신호등처럼 색이 명확히 구분될수록 인지와 분류가 쉬워진다. 이러한 색 정보가 디지털 이미지 분석에서 중요하게 다뤄지는 것은 당연한 일이다. 특히 인공지능의 발전으로 이미지 속 색 분포, 채도, 명도를 정교하게 파악하고 활용할 수 있게 되었고, 이는 객체 인식과 분류 정확도 향상에 큰 역할을 하고 있다.

AI와 MBTI?

컴퓨터 비전(Computer Vision) 분야에서 AI가 이미지를 해석할 때, 과거에는 형태 기반의 특징 추출이 중심이었으나, 최근에는 색 기반 정보도 함께 고려하는 방식이 주목받고 있다. 예컨대 특정 사물을 찾아낼 때, 명확한 외곽선이 없는 경우라도 색의 통계적 패턴이 유용한 단서가 된다. 이 장에서는 AI가 색 정보를 어떻게 학습하고 활용해 이미지 내 객체를 분류하거나 영역을 분할(세그멘테이션)하는지, 대표적인 알고리즘과 기술 흐름을 살펴볼 것이다.

색 정보와 객체 분류의 연관성

객체 분류(Object Classification)는 이미지 안에 있는 물체가 무엇인지 식별하고, 어떤 범주에 속하는지 결정하는 작업이다. 이때 색은 중요한 힌트를 제공한다. 예를 들어 사과와 배를 구별하거나, 특정 동물의 종을 식별할 때도 색 차이가 큰 단서를 제공한다. 이는 기존에 에지(Edge)나 코너(Corner) 등 기하학적 특징만으로 분류가 어려운 경우에 특히 유용하다.

색 분포 정보는 이미지의 전체적인 배색뿐 아니라 국소 영역(Local Region)에서의 특징을 분석하는 데도 쓰인다. 과거 전통적인 컴퓨터 비전 기법에서는 히스토그

램(Histogram) 기반의 색 분포를 활용해 '빨강이 많은 영역', '파랑이 많은 영역'을 특정 레이블로 연결해 분류하곤 했다(Comaniciu & Meer, 2002). 그러나 최근에는 딥러닝 기반 네트워크가 색과 질감, 형태를 함께 학습함으로써 더욱 높은 정확도를 달성하고 있다(Krizhevsky et al., 2012).

CNN과 색상 데이터 처리

합성곱 신경망(Convolutional Neural Network, 이하 CNN)은 이미지 분류 분야에서 대표적으로 쓰이는 딥 러닝 모델이다. CNN이 색 정보를 처리하는 과정은 대체로 입력 이미지의 R(빨강), G(초록), B(파랑) 채널을 독립된 입력으로 받아들이는 방식으로 이뤄진다. 이어 합성곱 필터(Convolutional Filter)가 색상, 명도, 에지 등을 포괄적으로 분석하며, 네트워크가 깊어질수록 추상도 높은 시각적 특징을 학습한다.

다만 CNN은 맨 처음 입력이 RGB 채널만을 쓰기 때문에, 색 공간을 좀 더 다양하게 변환하면 분류 정확도를 높일 수 있다는 연구 결과도 있다. 예를 들어 HSV(Hue-Saturation-Value)나 LAB 등 다른 색 모델로 이미지 데이터를 변환해 학습하는 기법은 특정 객체를 구별하는 데 유리한 경우가 있다(Fairchild, 2013). 실제로 어떤 색 공간을 활용할지가 분류 정확도에 영향을 주므로, 네트워크 설계 시 고려 대상이 된다.

색 기반 세그멘테이션과 객체 검출

이미지 세그멘테이션(Segmentation)은 픽셀 단위로 어떤 객체나 배경에 속하는지를 구분하는 작업이다. 객체 검출(Object Detection)은 이미지 내 '특정 위치에 어떤 물체가 있는지'를 구체적인 경계 상자(bounding box)로 찾는 과정을 말한다. 이 두 분야에서도 색 정보는 중요한 역할을 한다.

색 기반 세그멘테이션은 전통적으로 색 분포가 유사한 픽셀을 군집화(Clustering)하는 방식으로 영역을 분할했다(Comaniciu & Meer, 2002). 딥 러닝 기법이 등장하면서, CNN, RNN(Recurrent Neural Network) 등 다양한 구조가 색 특성을 함께 학습해 세그멘테이션 성능을 높이고 있다.

객체 검출의 경우 Faster R-CNN(Ren et al., 2015)이나 Mask R-CNN(He et al., 2017) 같은 모델은 합성곱 특징 맵을 기반으로 물체의 위치와 클래스 정보를 예측한다. 이때 텍스처나 윤곽선뿐 아니라 색상 차이도 판단 근거가

된다. 특히 전경(Foreground)과 배경(Background) 색 차이가 뚜렷한 이미지에서 검출 성능이 높아지는 경향이 있다.

딥 러닝 모델에서의 색 불변 특징

이미지에 따라 조명이나 시점이 달라지면 같은 사물도 색이 다르게 나타난다. 이러한 편차를 보정하기 위해 '색 불변(Invariance)' 기법이 제안되었다. 예컨대 조명의 세기에 따라 물체색이 밝아지거나 어두워져도, 본질적으로 같은 객체로 인식해야 한다는 것이다.

딥 러닝 모델은 다량의 학습 데이터를 통해 어느 정도 조명 편차를 보완하지만, 데이터에 없는 극단적 조명 상황에서는 여전히 오류가 발생할 수 있다. 이 때문에 데이터 증강(Data Augmentation) 과정에서 밝기, 채도를 다양하게 변환해 모델을 학습시키거나, 색상 히스토그램을 정규화하는 기법을 병행하기도 한다. 이를 통해 CNN이 외부 요인으로 인한 색 변화를 학습해, 보다 견고한 성능을 낼 수 있다(Krizhevsky et al., 2012).

색 분류와 감성 분석

색은 물체 자체의 물리적 특성 외에도 감성적 의미를 지닐 수 있다. 예컨대 특정 제품의 색이 소비자에게 '고급스러움', '활기', '차분함' 같은 심리 반응을 이끌어 낼 수 있다(Elliot & Maier, 2014). AI가 색 정보와 감성적 요소를 결합해 분석하면, 단순한 객체 분류를 넘어 '소비자가 어떻게 반응할 것인지' 예측하는 데까지 확장 가능하다. 빅데이터 환경에서 이미지 게시 글이나 상품 후기를 모아 색 선호도를 추출하고, 이를 바탕으로 트렌드를 예측하는 연구도 늘고 있다.

이처럼 객체 분류에만 머무르지 않고 색의 심리적 맥락까지 연결하면, AI 설루션은 보다 풍부한 정보를 제공하게 된다. 예컨대 온라인 쇼핑몰에서 특정 색의 의류가 '활기차 보인다'는 평가를 받은 게시 글만 모아 학습하면, 해당 색을 좋아할 것으로 예측되는 사용자에게 자동으로 추천하는 식이다.

합성곱 네트워크의 진화와 다중 스케일 분석

최근에는 색을 포함한 다중 스케일(Multi-scale) 정보 처리가 활발하다. 예컨대 이미지의 다양한 해상도에서 색과 형태를 동시에 분석해, 객체의 크기가 달라져도 인식 정확도를 유지하려는 시도다. 인셉션(Inception) 모듈이나 FPN(Feature Pyramid Network) 같은 구조는 여러 크기의 합성곱 필터를 동시에 적용해 이미지의 복합적 특징을 추출한다(Simonyan & Zisserman, 2015). 색 정보도 마찬가지로, 미시적, 거시적 스케일에서 다른 의미를 가질 수 있으므로, 다양한 공간 해상도를 사용해 특징을 뽑아내면 분류 성능이 향상될 수 있다.

실제 적용 사례와 한계

이미지 분류와 세그멘테이션 분야에서 색 기반 AI 모델은 자율주행, 의료 영상 분석, 재고 관리 등 다양한 영역에 적용되고 있다. 예를 들어 자율주행 자동차는 도로 신호등의 색 변화를 재빨리 인식해야 하며, 의료 영상 분석에서는 MRI 또는 CT 영상에서 특정 색 조합이 종양이나 병변 가능성을 시사한다. 물류 창고에서도 상품 패키지 색을 기준으로 분류 라인을 자동화하기도 한다.

하지만 주의해야 할 점은 모델이 색에만 지나치게 의존하면, 비정상 조명이나 이미지 노이즈가 들어갔을 때 오분류가 일어날 위험이 커진다는 것이다. 또한 물체 자체가 같은 색 계열이라 하더라도, 질감이나 형태가 전혀 다르면 전혀 다른 범주로 분류해야 하는 상황이 있기 때문에, 색은 형태, 텍스처, 맥락 정보와 함께 분석되어야 한다. 가령 빨간색 사과와 빨간색 차는 전혀 다른 객체이므로, 단지 '빨강'만으로는 구분이 어렵다는 것이다.

앞으로의 전망과 확장

AI가 색을 적극적으로 활용해 객체를 분류하고 세그멘테이션하는 흐름은 앞으로도 계속될 것이다. 특히 초분광 영상(Hyperspectral Imaging)처럼 다중 파장대 정보를 포함하는 기술이 보급된다면, AI가 처리할 수 있는 색 정보의 범위는 한층 넓어질 전망이다. 머지않아 인간이 맨눈으로 인식하지 못하는 파장대의 색까지 AI가 인식하고 활용해, 더 정밀한 분류와 예측을 수행할 수 있을 것이다.

또한 객체 분류의 결과를 다시 색 분석에 피드백해, 이미지를 문화적, 감성적 맥락에서 재해석하는 모델도 주목할 만하다. 예컨대 특정 지역의 문화권에서 '중요한 색'으로 인식되는 팔레트를 학습한 뒤, 해당 색이 많은 영역이 등장하면 '문화적 상징물'일 가능성을 높게 보는 식이다. 이는 인류학, 심리학, 예술 분야와의 융합 연구로 이어질 가능성이 있다.

결국 색 정보는 이미지 인식에서 단순한 시각 단서가 아니라, 객체의 물리적 특징과 문화 및 심리적 의미를 연결해 주는 강력한 열쇠로 자리 잡을 것이다. 이를 효과적으로 활용하는 AI 모델이 늘어날수록, 우리는 더 풍부하고 정교한 방식으로 이미지를 이해·활용하게 될 것이다.

참고문헌

Comaniciu, D. & Meer, P.(2002). Mean shift: A robust approach toward feature space analysis. *IEEE Transactions on pattern analysis and machine intelligence,* 24(5), pp.603–619.

Elliot, A. J. & Maier, M. A.(2014). Color psychology: Effects of perceiving color on psychological functioning in humans. *Annual review of psychology,* 65, pp.95–120.

Fairchild, M. D.(2013). *Color appearance models*(3rd ed.). Wiley.

He, K., et al.(2017). Mask R–CNN. In Proceedings of the IEEE International Conference on Computer Vision(ICCV), pp.2961–2969.

Krizhevsky, A., et al.(2012). ImageNet classification with deep convolutional neural networks. In Proceedings of the 25th International Conference on Neural Information Processing Systems(NIPS), pp.1097–1105.

Ren, S., et al.(2015). Faster R–CNN: Towards real–time object detection with region proposal networks. In Advances in Neural Information Processing Systems(NIPS), pp.91–99.

Simonyan, K. & Zisserman, A.(2015). Very deep convolutional networks for large–scale image recognition. In Proceedings of the International Conference on Learning Representations(ICLR).

03
AI 컬러라이제이션과 복원

우리의 기억 속에 살아 있는 색감은 시대가 흘러 사진이나 영상으로 남게 되면 정작 사라지기 일쑤다. 역사가 담긴 흑백 자료들을 다시 '색채'로 되살리는 컬러라이제이션은 오래전부터 시도되어 온 작업이지만, 과거에는 일일이 수작업으로 진행해야 해서 많은 시간과 인력이 필요했다. 그러나 인공지능 기술의 발달로 이 과정이 한층 자동화 및 고도화되면서, 역사적 영상 복원과 문화유산 보존 분야에 새로운 가능성을 열어 주고 있다.

AI와 난임 극복?

최근 AI 기반 컬러라이제이션 기법은 단순히 특정 색을 채워 넣는 것을 넘어, 시대적 맥락과 재질, 조명 특성까지 고려해 자연스럽고 사실적인 색감을 재현하는 데 집중하고 있다. 이 장에서는 흑백 이미지를 색으로 되살리는 핵심 알고리즘과 과정을 살펴보고, 실제 복원 프로젝트 사례를 통해 문화유산 보존과 예술적 활용의 잠재력을 확인해 볼 것이다.

컬러라이제이션의 기본 개념

컬러라이제이션은 흑백(Grayscale) 이미지나 영상에 색 정보를 부여해 '마치 원래 컬러인 듯' 보이게 하는 작업이다. 과거에는 화가나 디자이너가 색을 수작업으로 칠했지만, AI 시대에는 대규모 데이터세트를 학습한 알고리즘이 자동으로 픽셀마다 적절한 색을 추론한다(Cheng et al., 2015). 이는 "원하는 색을 임의로 입히는" 것과 달리, 보통 실제 사물이나 의복 · 배경 등에 대한 사진 · 문헌 자료 등을 참고해 '당시 어떤 색이었을 법한지' 분석한다는 점에서 의미가 크다.

딥 러닝 기반 컬러라이제이션의 등장

딥 러닝 기법이 도입되기 전에는 색 분포 통계나 히스토그램 매칭 등 비교적 단순한 방식으로 흑백 이미지를 자동 채색하려는 연구가 있었다. 그러나 자연스러운 결과물을 얻기 위해서는 여전히 전문가의 손길이 많이 필요했다. 딥 러닝의 발달로 이미지 분류와 생성 능력이 획기적으로 향상되면서, 흑백 이미지에 색을 자동으로 채워 넣는 모델 역시 주목받기 시작했다(Iizuka et al., 2016).

이러한 모델들은 대규모 컬러 이미지 데이터세트를 이용해 '흑백 버전'과 '컬러 버전'을 동시에 학습한다. 즉, AI가 "원래 컬러 이미지가 이 흑백 이미지에서 어떻게 변환되었는지"를 학습하면서, 반대로 "흑백 이미지를 어떻게 컬러로 복원할 수 있는지"까지 익히게 되는 구조다. 결과적으로는 '객관적 사실'에 근접한 색을 복원하거나, 적어도 인간이 보기에 자연스러운 색감을 재현할 수 있다(Zhang et al., 2016).

컬러라이제이션 프로세스

일반적으로 AI 컬러라이제이션은 다음과 같은 과정을 거친다.

1) 입력 이미지 전처리: 노이즈 제거, 해상도 조정, 명암비 보정 등을 통해 학습에 적합한 형태로 흑백 이미지를 준비한다.

2) 피처 추출: CNN 같은 딥 러닝 구조가 흑백 이미지 내 윤곽선, 질감, 형태 정보를 학습한다.

3) 색 분포 추론: AI 모델은 학습해 둔 대규모 컬러 데이터세트를 바탕으로 '이러한 형태와 질감이라면 어떤 색이 자연스럽게 어울리는가'를 확률적으로 예측한다(Iizuka et al., 2016).

4) 후처리 및 사용자의 피드백: 일부 모델은 사용자로부터 제한적 지시(예: 특정 영역은 빨강 계열)나 힌트를 받으면, 자동화된 색 채우기 결과를 좀 더 세밀히 조정한다.

5) 결과 확인 및 추가 수정: 최종 결과물이 나왔을 때, 역사적, 문화적, 예술적 문헌 자료를 참조하거나 전문가 감수 과정을 거쳐 실제 시대 배경에 더욱 가까운 색으로 다듬는다(Zhang et al., 2017).

시대적 맥락과 질감 복원

컬러라이제이션이 단순히 '색 입히기' 작업을 넘어서는 지점은 바로 시대적 배경과 질감 복원이다. 예컨대 1950년대의 사진이라면 그 시기 대중적으로 사용되던 의복 색상, 장소의 환경적 특성(옛 건물 소재나 광고판 디자인) 등을 반영해야 진정한 복원이라 할 수 있다. AI 모델은 학습 과정에서 다양한 시대의 사진 및 영상 자료를 함께 분석함으로써, 특정 시기의 스타일과 색감을 부분적으로 학습한다. 예를 들어, 19세기 말 건물 외벽 재질에선 붉은 벽돌이 흔했을 확률이 높다고 파악해 그에 맞는 색을 적용할 수 있다.

또한 사진의 질감까지 어느 정도 복원하려면, 빛바랜 영화 필름이나 손상된 인쇄물 특유의 '필름 그레인(film grain)'을 살리는 기술도 필요하다. 생성 모델이 RGB만이 아니라 빛바랜 정도까지 반영해 재현하는 방식인데, 이를 통해 인공적 '디지털 느낌'이 아니라 역사적 흔적을 간직한 색 복원이 가능해진다(Liu et al., 2021).

문화유산 보존 프로젝트 사례

AI 컬러라이제이션은 문화유산 보존에서 큰 역할을 하고 있다. 오래된 필름이나 역사적 사진 자료는 보통 흑백 상태로 남아 있는데, 이를 컬러로 복원하면 당대의 분위기를 보다 생생하게 전달할 수 있다. 예를 들어 프랑스 국립시청각연구소(INA)나 미국 의회도서관(LOC)이 주도하는 프로젝트에서는 AI 기반 컬러 복원을 적극 활용한다. 전쟁 기록 영상이나 1900년대 초반 뉴스릴을 컬러로 복원해 대중에 공개하면, 역사적 사건에 대한 이해와

공감대를 높일 수 있다는 평가를 받는다.

또한 박물관이나 미술관에서는 예술 작품의 보존 및 복원에 AI 컬러라이제이션을 적용하기도 한다. 낡은 작품의 색이 바래거나 갈라진 경우, AI가 원본에 가장 가까운 색조를 추론해 가이드라인을 제공할 수 있다. 물론 예술 작품은 작가의 의도와 재료 특성 등 고려해야 할 요소가 많아, 최종 복원 과정에서 인간 전문가의 판단이 필수적이다. 그럼에도 컬러라이제이션 알고리즘은 기존에 없던 시각적 레퍼런스를 제시함으로써 복원 방향을 잡아 주는 유용한 도구가 된다(Zhang et al., 2016).

복원 기술의 한계와 윤리적 논의

AI 컬러라이제이션은 많은 기대를 모으는 동시에, 몇 가지 한계와 윤리적 문제도 야기한다. 무엇보다 AI가 만들어 낸 색은 엄밀히 말해 '추정치'이므로, 원본 역사적 사실과 다를 수 있다. 가령 인물의 옷 색깔을 복원했는데, 실제와는 전혀 다른 색일 가능성도 있다. 이 경우 대중은 "역사적 자료를 컬러로 보았으니 사실일 것"이라 가정할 위험이 있다. 따라서 컬러라이제이션을 적용해 공개할 때는 반드시 '추정 컬러'임을 명확히 밝히고, 실제 고증 자료와의 교차 검증을 거쳐야 한다.

또 다른 문제로는 저작권이나 초상권 등 권리 관계가 얽히는 부분이 있다. 오래된 사진일수록 권리 관계가 불분명한 경우가 많은데, AI가 이를 무단으로 복원하고 배포함으로써 원 저작자나 당사자의 권리를 침해하는 상황이 발생할 수 있다. 복원된 이미지가 대중적으로 확산되면, 이후의 정보 혼동이나 악용 우려도 커지므로 주의가 필요하다.

AI 컬러라이제이션의 확장 가능성

컬러라이제이션 기술은 이제 복원 분야에만 국한되지 않는다. 영화나 드라마 등 영상 콘텐츠 제작에서 옛 장면을 자연스럽게 재현하거나, 특정 연출 효과를 노리는 경우에도 응용된다. 예컨대 흑백으로 촬영한 신(Scene)을 AI로 컬러라이제이션해 독특한 예술적 효과를 얻거나, 반대로 일부 색만 강조하는 '부분 컬러라이제이션'을 통해 특정 오브젝트에 시선을 집중시키는 식이다.

또한 개인 사진 보정 애플리케이션이나 SNS 필터에서도 자동 컬러라이제이션 기능이 점차 자리 잡고 있다. 스마트폰에서 앱 하나만 실행하면 흑백 이미지를 컬러로 손쉽게 바꿀 수 있어, 과거 가족 앨범이나 옛 도시 풍경 사진을 재해석해 보는 취미가 확산되고 있기도 하다. 이런 현상은 AI 컬러라이제이션이 더 이상 전문가 전유물이 아니라 대중화되고 있음을 보여 준다.

미래 전망: 복원에서 '재창조'로

AI 컬러라이제이션 기술은 점점 더 정교해지고 있다. 초기에는 '색을 입혔지만 어색한' 수준에서 머물렀다면, 이제는 사람 눈에도 구별하기 어려울 정도로 자연스러운 복원을 구현한다(Iizuka et al., 2016). 나아가 GAN(Generative Adversarial Network) 같은 생성 모델이 적용되면, 실제론 존재하지 않았던 화풍이나 색감을 만들어 내는 '예술적 재창조'도 가능해진다.

결과적으로 컬러라이제이션은 단순한 색 보정이 아니라 '새로운 창작'으로 나아갈 수 있다. 문화유산을 보존하면서, 그 가치와 매력을 현대적으로 재해석하는 과정이 펼쳐지고 있다. 흑백으로만 전해져 오던 역사적 순간이 AI의 도움을 받아 다채로운 색감으로 되살아나고, 예술적 상상력과 기술이 결합해 이 세상에 없던 '가상의 색'을 현실처럼 보여 준다. 이 책의 다른 장에서 보듯 AI와 색이 만나는 지점은 이미 예술과 산업 여러 분야로 확장되고 있다. 앞으로 컬러라이제이션 역시 복원과 보존을 넘어, 전혀 새로운 색의 세계로 우리를 안내할 수 있을 것이다.

참고문헌

Cheng, Z., et al.(2015). Deep colorization. In Proceedings of the IEEE International Conference on Computer Vision(ICCV), pp.415–423.

Iizuka, S., et al.(2016). Let there be color!: Joint end-to-end learning of global and local image priors for automatic image colorization with simultaneous classification. *ACM Transactions on graphics,* 35(4), p.110.

Liu, L., et al.(2021). Old photo colorization and restoration with generative adversarial networks. *IEEE Access,* 9, 141816–141826.

Zhang, R., et al.(2016). Colorful image colorization. In Proceedings of the European Conference on Computer Vision(ECCV), pp.649–666.

Zhang, R., et al.(2017). Real-time user-guided image colorization with learned deep priors. *ACM transactions on graphics,* 36(4), p.119.

04
AI와 예술: 창작의 확장

회화, 조각, 사진, 영상 등 기술 발전에 따라 예술의 폭은 지속적으로 확장되어 왔으며, 인공지능 역시 이러한 맥락에서 주목받고 있다. 최근 예술가들은 AI 기술과의 협업을 통해 독특한 색채와 질감을 구현하거나, 인간이 미처 상상하지 못한 창작물을 만들어 내고 있다. 예컨대 생성 모델을 이용해 캔버스 위에 전례 없는 색의 조합을 펼쳐 보이거나, 기존 명화의 스타일을 차용해 새로운 작품을 만들어 내는 '스타일 트랜스퍼'가 대표적 사례다.

AI와 사주?

AI는 단순한 보조 도구를 넘어 '창작 주체'에 대한 철학적, 미학적 질문을 던진다. AI가 그저 인간의 의도를 따르는 기계인지, 아니면 나름의 '창조성'을 발휘하는 또 하나의 예술가인지 논의가 활발하다. 이 장에서는 AI와 예술이 어떻게 만나는지, 특히 색채와 질감을 활용한 창작에서 어떤 실험이 이뤄지고 있는지를 소개하고, 이로 인해 확장되는 예술의 지평과 의의, 그리고 철학적 함의를 살펴보고자 한다.

예술과 AI 협업의 배경

예술에서의 기술 활용은 고대부터 계속되어 온 흐름이다. 최초의 사진 기법인 다게레오타이프가 등장했을 때, 많은 화가들은 "이제 회화가 사라질 것"이라 우려했다. 그러나 사진 기술은 오히려 회화에 새로운 자극을 주었고, 이후 인상주의, 추상주의 등 다양한 미학적 실험이 이어졌다. AI 또한 이러한 맥락에 놓여 있다. 새롭고 낯선 기술은 전통 예술 방식에 도전장을 내밀지만, 동시에 창작자에게는 더 넓은 표현 영역을 열어 준다.

특히 AI는 예술적 영감이나 표현 방식을 '자동화'해 준다는 점에서 획기적이다. 일례로, 방대한 색채 데이터베이스를 분석해 특정 예술가의 색 활용 패턴을 추출할 수 있고, 이를 바탕으로 전혀 새로운 작품을 생성할 수도 있다(Elgammal et al., 2017). 즉, AI가 예술적 영감을 주거나, 예술가 스스로 분석하기 어려운 영역을 대신 수행함으로써, 인간은 다른 차원의 창작에 집중할 수 있게 된다.

생성 모델과 색채 실험

AI가 예술에서 두드러지게 쓰이는 분야 중 하나는 생성 모델이다. GAN을 비롯한 다양한 생성 모델들은 대규모 이미지를 학습해, 새로운 시각적 결과물을 '창조'한다(Goodfellow et al., 2014). 이때 색채는 핵심 표현 요소다. 예컨대 GAN으로 생성된 작품에서 AI는 여러 이미지를 종합하고 변형해 색과 형태를 재구성하는데, 때로는 인간이 예상하지 못한 독특한 색 조합을 만들어 내며 예술적 파격을 시도한다.

이러한 색채 실험은 예술가와 협업할 때 더욱 돋보인다. 예술가는 특정 테마나 감성을 AI에 제시하고, GAN은 학습된 데이터세트를 토대로 무수히 많은 변형된 이미지를 제안한다. 이후 인간 작가는 이 중 흥미로운 색채 흐름을 골라 최종 작품으로 엮어 낼 수 있다. 이는 '인간-기계 협업'의 대표적인 사례로, AI가 제시한 색을 작가가 재해석하는 과정에서 전혀 새로운 창작물이 탄생한다.

스타일 트랜스퍼와 화풍 재구성

스타일 트랜스퍼는 AI가 특정 화가의 화풍이나 색감, 붓터치를 다른 이미지를 통해 재현하도록 설계된 기법이다(Gatys et al., 2016). 예컨대 고흐(Vincent van Gogh)의 작품 스타일을 AI가 학습하면, 일상 사진을 고흐의 화풍으로 변환해 '신작'을 만들어 낼 수 있다. 여기서 색채는 중요한 변환 요소로 작용하며, 붓 터치의 질감과 색조가 새로운 이미지에 입혀질 때 독특한 예술적 결과물이 완성된다.

이 기법은 예술 창작의 접근성을 높인다는 점에서 의의가 있다. 비전공자라도 특정 화가의 색채 감각을 체험하거나, 자기만의 예술 이미지를 실험할 수 있게 된 것이다. 반면, "AI가 흉내 내는 화풍을 진정한 예술이라 볼 수 있는가?"라는 비판도 존재한다. 그러나 스타일 트랜스퍼의 궁극적인 목적은 과거 예술가의 '재현'에 머물지 않고, 이를 토대로 새로운 미학적 실험과 스타일 믹싱을 시도하는 데 있다.

AI 기반 예술의 미학적 의미

AI가 제공하는 창작 도구는 무궁무진하지만, 예술가들이 그 가치를 높게 평가하는 이유는 AI가 '무작위적이면서도 어떤 패턴'을 가진 창작물을 생산하기 때문이다. 인간은 전통적 예술 교육과 경험을 통해 쌓인 규범 안에서 색을 조합하고 질감을 표현하기 쉽다. AI는 방대한 데이터를 학습하면서도 특정 규칙에 얽매이지 않고, 예측하기 힘든 방식으로 색을 배치하거나 형태를 구사한다. 이러한 예상 밖 조합이 예술가에게 새로운 창의적 단서를 제공해 준다.

동시에 AI가 만들어 낸 결과물이 '우연성(serendipity)'을 담보한다는 점도 흥미롭다. 과거 예술사에서도 우연한 기법, 의도하지 않은 붓 터치나 재료 변형이 예술 발전에 결정적 역할을 했는데, 이제는 AI가 그러한 우연성을 더욱 자주, 대량으로 발생시키는 역할을 맡는다(Ha & Eck, 2018). 이 때문에 많은 예술가는 AI를 하나의 공동 작가로 인식하며, "AI가 가져오는 무질서 속에 인간의 감각이 개입해 새로운 질서를 찾는 과정"을 예술적 가치로 삼기도 한다.

철학적 함의: 창작 주체의 문제

AI와 함께 예술을 창작할 때 가장 첨예해지는 쟁점은 "과연 누가 창작자인가?"라는 물음이다. AI가 생성한 작품에는 인간 작가의 개입이 있었더라도, 결과물 일부 혹은 전부를 'AI가 만들었다'고 볼 수 있다. 그렇다면 이 작품은 AI가 창작한 것인지, 아니면 AI를 개발하고 활용한 예술가의 창작물인지가 문제다.

저작권 측면에서, 현재 다수 국가의 법령은 '인간의 창작성'을 저작권의 핵심 요건으로 본다. AI가 자동으로 생성한 결과물은 법적으로 무저작물로 분류될 가능성이 높다. 그러나 예술 현장에서는 인간이 AI를 도구로 활용한 시점에서 인간의 창작 과정이 일부라도 개입되므로 '공동 창작'으로 간주하기도 한다. 이와 같은 혼재된 상황은 AI 예술이 심미적 차원뿐 아니라 사회적, 법제적 변화를 함께 야기함을 보여 준다.

실제 사례: AI와 함께 만든 작품들

가장 널리 알려진 예가 2018년 크리스티 경매에서 거래된 〈에드몽 드 벨라미(Edmond de Belamy)〉다. 프랑스 예술 그룹 '오비어스(Obvious)'가 GAN을 활용해 만든 이 작품은 약 43만 달러에 낙찰되며 세간의 주목을 받았다. 작품에는 '오비어스'라는 작가 명 외에도 GAN에 쓰인 알고리즘 일부가 서명처럼 적혀 있어, "AI가 공동 작가로 참여했다"는 상징성을 드러냈다.

이 밖에도 세계 각국에서 AI와 예술가가 협업한 프로젝트가 잇따라 선보이고 있다. 설치미술이나 퍼포먼스 영역에서도 AI가 실시간으로 관객의 표정과 색채 반응을 파악해 무대 배경 색을 바꾸거나, 로봇 팔이 캔버스에 색을 칠하기도 한다. 이러한 사례들은 예술의 물리적, 개념적 한계를 허무는 동시에, 관객에게 'AI가 창작하는 것의 의미'를 직접 체험하게 만든다.

AI 예술의 한계와 비판

AI가 색채를 다루고 예술적 의미를 확장한다 해도, 여전히 한계는 존재한다. 우선, AI는 결국 과거 데이터에 기반해 창작하기 때문에, 전혀 존재하지 않던 양식을 완벽하게 창조하기는 어렵다는 비판이 있다. 또한 AI가 제시하는 결과물은 광범위한 무작위 탐색의 산물일 수 있어, '진정성'이나 '의도'와 같은 예술의 본질적 요소가 결여되었다고 보는 시각도 있다.

하지만 AI 예술 옹호자들은 예술의 본질이 늘 변해 왔음을 상기시킨다. 카메라가 등장했을 때 사진도 예술성을 의심받았으나, 결국 오늘날 사진은 하나의 예술 장르로 굳건히 자리 잡았다. AI 기반 예술 역시 이런 과정을 거치며, 인간의 예술적 사고와 감수성을 자극하는 새로운 장이 될 수 있다는 주장이다.

미래 전망: 예술의 확장

AI가 색채와 질감을 얼마나 정교하게 표현할 수 있는지에 따라, 예술의 경계는 더욱 확장될 전망이다. 현실 세계에서 구현하기 어려운 색 조합이나 물리적으로 불가능한 질감을 AI가 가상공간에서 구현한다면, 예술가는 이것을 기반으로 새로운 실험을 수행할 수 있다. 또한 VR(Virtual Reality), AR(Augmented Reality) 등 기술과 결합해 'AI가 생성한 색과 공간'을 관객이 몰입형으로 체험하는 예술도 등장할 것이다.

결국 예술가와 AI의 관계는 협업을 통해 시너지를 창출하는 방향으로 진화할 가능성이 높다. AI는 무수한 색채 가능성을 탐색하고, 예술가는 그중 흥미로운 것을 발췌 및 조합해 독창적인 작품을 완성한다. 이는 인간만의 감각과 의도, 판단력을 더욱 돋보이게 하는 동시에, AI로부터 끊임없는 자극을 받는 창작 환경을 만들어 낸다. AI가 색과 예술을 만나 형성하는 이 확장된 창작 영역은 향후 예술의 정의와 경계를 재설정하는 데 중요한 기준이 될 것이다.

참고문헌

Elgammal, A., et al.(2017). CAN: Creative adversarial networks, generating "art" by learning about styles and deviating from style norms. *arXiv*:1706.07068, https://arxiv.org/abs/1706.07068

Gatys, L. A., et al.(2016). Image style transfer using convolutional neural networks. In Proceedings of the IEEE Conference on Computer Vision and Pattern Recognition(CVPR), pp.2414-2423.

Goodfellow, I., et al.(2014). Generative adversarial nets. In Advances in Neural Information Processing Systems(NIPS), pp.2672-2680.

Ha, D. & Eck, D.(2018). A neural representation of sketch drawings. In Proceedings of the International Conference on Learning Representations(ICLR).

05
마케팅·브랜딩에서의 컬러 전략

현대 소비자들은 '구매' 이전에 이미 브랜드 이미지와 감성을 느낀다. 이때 색은 중요한 단서가 된다. 같은 제품이라도 색조가 어떻게 구성되느냐에 따라 '전통적, 정통적 느낌', '혁신적, 감각적 이미지' 등 소비자 인식이 달라진다. 기업이 수십 년 동안 브랜드 로고나 패키지 색을 고수하는 이유도 소비자 기억과 정체성을 유지하기 위해서다. 최근 인공지능을 활용해 브랜드 이미지와 소비자 정서를 데이터를 통해 정확히 파악하고 최적의 색상 조합을 찾는 시도가 활발하게 이뤄지고 있다.

AI와 아이돌?

SNS나 온라인 쇼핑몰 후기에서 언급되는 '색에 대한 호감, 불만' 반응을 분석해 시장 트렌드를 실시간으로 추적할 수 있으며, 나아가 AI가 이에 맞춰 새로운 컬러 팔레트를 자동 제안하는 사례도 늘어나고 있다. 이 장에서는 소비자 심리와 브랜드 전략에서 색이 왜 중요한지 짚어보고, 빅데이터와 AI가 결합해 색채 마케팅을 어떻게 혁신하고 있는지 구체적인 활용 사례를 통해 살펴본다.

색채와 브랜드 이미지의 상관성

기업은 브랜드 아이덴티티(Brand Identity)를 구축할 때, 브랜드 로고, 패키지, 광고 시각 요소 등 모든 부분에 '색'을 주의 깊게 선택한다(Labrecque et al., 2013). 이때 색이 의미하는 상징성과 감성이 브랜드 정체성과 결부된다. 예를 들어, 맥도날드(McDonald's)의 빨강과 노랑 조합은 '활기차고 발랄한 느낌'을, 스타벅스(Starbucks)의 초록색은 '안정감과 친환경 이미지'를 연상시키도록 설계된 대표 사례다.

단순히 눈에 띄게 만들기 위함이 아니라, 색 자체가 소비자의 심리와 행동에 미묘한 영향을 준다는 점에서 주목해야 한다. 엘리엇과 마이어(Elliot & Maier, 2014)는 특정 색이 부정적 또는 긍정적 감정을 유발한다는 연구를 통해, 색채 선택이 구매 의사 결정에 중요한 역할을 할 수 있음을 강조했다. 따라서 색은 브랜드 스토리, 기업 가치, 소비자의 기호 등을 종합적으로 반영해야 하며, 이를 위해 AI가 방대한 데이터를 분석해 적합한 팔레트를 제안하기도 한다.

AI가 색을 분석하는 방식

마케팅, 브랜딩에서 색 채택 의사 결정은 과거 마케터의 경험과 직관에 상당 부분 의존했다. 그러나 빅데이터와 AI 기술이 접목되면서, 색이 주는 심리적, 감성적 반응을 더욱 객관화된 형태로 파악할 수 있게 되었다. 구체적으로는 다음과 같은 과정을 거친다.

1) 소비자 반응 데이터 수집: 소셜 미디어 게시물, 온라인 쇼핑 후기, 서베이 결과 등에서 '색'과 관련된 텍스트, 이미지 데이터를 수집한다. 여기에는 "이 색은 너무 강렬하다", "부드러운 파스텔 톤이 마음에 든다" 등 정성적 표현이 포함된다.

2) 텍스트 마이닝과 시각 분석: 자연어 처리(NLP) 기술로 텍스트 내 긍정, 부정 감성을 파악하고, 시각 분석 알고리즘으로 이미지에 사용된 색상 비율을 추출한다.

3) 색, 감성 매핑: 특정 색상(또는 색 조합)이 주로 어

떤 감정을 유발하는지, 어떤 브랜드나 상품 유형에 많이 등장하는지를 통계적으로 매핑한다(Labrecque et al., 2013).

4) 예측 모델 및 추천: AI가 이러한 상관관계를 학습한 뒤, "마켓 A에서 신제품으로 파스텔 그린 계열을 쓰면 어떤 반응일지" 같은 시뮬레이션 예측을 하고, 가장 적합한 색 팔레트를 추천한다.

빅데이터 기반 컬러 마케팅 사례

빅데이터 분석 기업들이 제공하는 '컬러 트렌드 리포트'를 보면, 최신 패션, 인테리어, 뷰티 시장에서 선호되는 색 경향을 대량의 검색어, SNS 언급량 등을 통해 추출한다. 예를 들어, 글로벌 화장품 브랜드는 신제품 립스틱 색상 기획 전에 지난 시즌 SNS에서 '코랄 톤' 언급이 급증했는지, '말린 장미색(MLBB 계열)' 같은 특정 계열이 어떤 세대 · 지역에서 인기가 높았는지 등을 면밀히 분석한다.

한 패션 회사는 온라인 제품 리뷰를 AI가 실시간으로 모니터링해, 재고가 남아도는 색상과 빨리 소진되는 색상을 비교한 뒤, 다음 시즌 생산 물량 배분에 반영한다. 이렇게 소비자 취향 데이터를 색별로 세분화해 활용하면, 재고 관리 효율은 물론 소비자 만족도까지 높일 수 있다(Bellizzi & Hite, 1992).

AI가 제안하는 브랜드 컬러 팔레트

몇몇 AI 플랫폼은 '브랜드 성격'을 입력하면, 그에 맞춰 주요 색 팔레트를 자동 제안하는 기능을 제공한다. 예컨대 '친환경적, 건강한, 편안한' 이미지를 추구하면, 다양한 초록 계열과 부드러운 파스텔 톤을 결합한 옵션을 몇 가지 보여 주는 식이다. 이때 AI는 기존 시장에서 유사 이미지를 가진 브랜드 사례와 소비자 반응을 빅데이터로 분석해, '어떤 색상 조합이 이러한 이미지를 가장 잘 표현하는지' 확률적으로 산출한다.

또한 브랜드 로고를 리뉴얼하거나 새로운 포장 디자인을 할 때, 과거 로고의 색 활용과 시장 내 경쟁사 색상, 최근 트렌드를 모두 고려해 최적화된 해답을 줄 수 있다는 점이 장점이다(Labrecque et al., 2013). 물론 이 과정에서도 마케터나 디자이너의 창의적 판단이 필요하지만, AI가 제시하는 '데이터 기반 초안'이 의사 결정을 크게 단축하고 실수 확률을 줄여 준다.

AI 컬러 마케팅과 소비자 심리

색채가 소비자 행동에 미치는 영향은 심리학, 신경과학 등 다양한 분야에서 연구되어 왔다. 예를 들어 빨간색은 흥분, 에너지를 상징해 매장 내 할인 상품 표시에 효과적이며, 파란색은 신뢰와 안정감을 전달해 금융 분야 로고에 적합하다는 식이다(Elliot & Maier, 2014). AI가 이를 대규모로 학습해 맥락별로 '적합한 색'을 제안하면, 브랜드는 각 상황에 맞는 색 전략을 유연하게 운용할 수 있다.

특히 AI는 '감성 분석'을 병행함으로써 색과 감정의 연관성을 구체적으로 수치화할 수 있다. 예를 들어 SNS에서 "이 브랜드 패키지 색 때문에 시원한 느낌이 들어 여름에 자주 찾는다"는 의견이 많다면, 여름 시즌 광고나 웹 페이지 색 구성에 해당 계열을 활용해 긍정적 인식을 강화할 수 있다. 이렇게 소비자 개인의 경험과 브랜드 이미지를 연결 지어 주는 것이 AI 컬러 마케팅의 핵심이다.

색상 A/B 테스트의 자동화

디지털 시대에 온라인 쇼핑몰이나 브랜드 홈페이지의 색 배치, 버튼 색상 등은 전환율(Conversion Rate)과 직결된다. 이에 A/B 테스트를 진행해 "버튼을 붉은색으로

했을 때 구매율이 올라가는지, 파란색으로 했을 때 더 신뢰감을 주는지" 등을 비교·검증하는 작업이 중요하다. 과거에는 이 과정을 일일이 설정하고 결과를 비교했지만, 이제는 AI가 자동으로 수백 가지 색상 변형을 테스트해 보고 그중 가장 성과가 좋은 색 조합을 실시간으로 골라 낼 수 있다.

이러한 자동화된 A/B 테스트는 개인화(Personalization) 영역으로 확장된다. 예컨대 AI가 방문자의 프로필(나이, 지역, 이전 구매 이력)을 참고해, 그에게 가장 효과적인 색 조합으로 웹 페이지를 실시간 렌더링할 수도 있다. 이는 직접적인 매출 증대와 고객 만족으로 이어지며, 궁극적으로 브랜드가 소비자에게 전달하고자 하는 이미지를 세밀하게 조정할 수 있는 길을 열어 준다.

컬러 마케팅의 윤리와 한계

AI가 주도하는 컬러 마케팅은 강력하지만, 윤리적 문제도 제기된다. 예를 들어 소비자 심리를 지나치게 조작하는 수준의 색 사용이 혹시 소비자 선택권을 침해하지는 않는가 하는 비판이 있다. 특정 색이 부정적 감정을 유발하거나, 사용자를 과도하게 흥분시켜 충동구매를 유도한다면, 장기적으로 브랜드 신뢰도가 하락할 수도 있다.

또한 색 선호는 문화권, 개인적 경험, 시대적 흐름에 따라 달라지므로, AI 모델이 보편타당한 색 답안을 내놓기는 어렵다. AI가 제안하는 팔레트는 어디까지나 '과거 데이터'와 '통계적 경향'을 반영한 것이지, 소비자의 미래 감성을 완벽히 예측하진 못한다. 따라서 기업은 AI의 분석 결과를 활용하되, 실제 시장 피드백과 정성적 판단을 병행해야 한다.

앞으로의 전망: 실시간 컬러 모니터링과 초개인화

AI가 컬러 데이터를 다루는 역량이 더욱 고도화되면, 브랜드는 실시간으로 시장 반응을 모니터링하면서 색 전략을 유연하게 조정할 수 있을 것이다. 예컨대 신제품이 출시된 직후부터 SNS나 리뷰 사이트에서 색에 대한 언급이 '너무 어둡다'라는 반응이 많다면, 빠르게 패키지 색을 변경하거나 보완책을 마련하는 식이다. 이전에는 몇 시즌이 지난 뒤 데이터를 모아 결정하던 일을, 이제는 몇 주 이내에 할 수 있게 된다.

또 다른 가능성은 초개인화된 컬러 제안이다. AI가 개별 소비자의 과거 구매 이력, SNS 활동, 색 선호도 등을 분석해 '나만을 위한' 색 조합을 추천할 수 있다. 패션 및 뷰티 분야에서 개인 맞춤형 컬러 서비스를 구현하거나, 온라인 콘텐츠 인터페이스 색상까지 사용자의 기분이나 상황에 맞춰 바꾸어 주는 기술도 이미 일부 시도되고 있다. 이러한 흐름은 '브랜드'라는 공통 이미지를 유지하면서도, 개인별로 최적화된 색 경험을 동시에 제공해야 하는 새로운 과제를 던진다.

참고문헌

Bellizzi, J. A. & Hite, R. E.(1992). Environmental color, consumer feelings, and purchase likelihood. *Psychology & marketing,* 9(5), pp.347-363.

Elliot, A. J. & Maier, M. A.(2014). Color psychology: Effects of perceiving color on psychological functioning in humans. *Annual review of psychology,* 65, pp.95-120.

Labrecque, L. I., et al.(2013). The marketers' prismatic palette: A review of color research and future directions. *Psychology & marketing,* 30(2), pp.187-202.

06
영상 제작과 AI 컬러 그레이딩

영화, 드라마, 광고 등 영상 콘텐츠 후반 작업에서 '컬러'는 작품의 분위기와 완성도를 좌우하는 핵심 요소다. 예를 들어, 한 장면의 색감만 달라져도 인물의 감정선이나 공간적 분위기는 전혀 다른 느낌을 준다. 이러한 컬러 그레이딩 공정은 보통 숙련된 전문 컬러리스트가 수작업으로 진행했는데, 최근 인공지능이 이 과정을 자동화하거나 보조하는 사례가 급증하고 있다.

AI와 야구?

AI를 활용하면 방대한 분량의 영상 소스에서도 색 보정 일관성을 유지할 수 있고, 장면별 톤 매핑(Tone Mapping)이나 HDR(High Dynamic Range) 보정도 빠르고 정교하게 수행할 수 있다. 즉, 빛이나 노출이 제각각인 촬영본도 AI가 자동 분석해 최적의 색감을 찾는 식이다. 이 장에서는 AI 컬러 그레이딩 기술이 어떻게 영상 후반 작업의 효율성과 창의성을 높이는지, 구체적인 구현 사례와 함께 살펴보도록 하겠다.

전통적 후반 작업과 AI의 결합

영상 후반 작업(Post Production)의 컬러 그레이딩은 색온도, 채도, 명도 등을 조절해 작품 전체에 통일감과 의도된 감성을 부여하는 과정이다(Hullfish, 2013). 기존에는 수작업으로 많은 시간을 들여야 했으나, AI가 도입되면서 일정 수준 이상의 자동화가 가능해졌다. 컬러리스트가 참고하려는 '룩(Look)'이나 레퍼런스 영상을 AI에 입력하면, 알고리즘이 유사한 색 보정 프로필을 만들고 이를 빠르게 적용해 준다. 물론 이 과정에서 AI가 제안한 색이 곧바로 최종 결과물은 아니다. 컬러리스트는 AI 결과물을 리뷰하며 세부 요소를 다시 세팅해 창작 의도를 완성한다. 결과적으로는 전통적인 예술적 감각과 AI의

속도와 정확도가 결합해 영상미를 극대화할 수 있다.

컬러 그레이딩과 뉴럴 네트워크

딥 러닝 기반 신경망은 RGB 채널을 포함해 다차원 색상 데이터를 처리하고, 영상의 다양한 영역에서 어떤 색 조합이 자연스러운지, 혹은 특정 '감성'을 주는지 학습할 수 있다. 예컨대 CNN이나 GAN 구조를 이용하면, 수많은 영화, 광고 자료를 학습해 '하이 콘트라스트' 느낌이나 '빈티지 톤' 등 특정 스타일을 자동으로 구현 가능하다(Chen et al., 2018). 컬러 그레이딩 작업에서는 프레임 단위로 구도가 바뀌고 조명 조건이 달라질 수 있으므로, AI가 영상 전체 콘텍스트까지 분석하도록 설계하는 것이 중요하다. 최근에는 장면 전환을 고려하는 LSTM (Long Short-Term Memory) 계열 모델이나, 프레임 간 일관성을 학습하는 시퀀스 모델이 쓰이기도 한다.

톤 매핑과 HDR 보정

톤 매핑은 촬영본이 갖는 광학적 특성을 스크린이나 TV에서 자연스럽게 표현하도록 '밝기 범위'를 변환하는 작업을 말한다(Reinhard et al., 2010). 특히 HDR 영상은 기존 SDR(Standard Dynamic Range)에 비해 훨씬 넓은 명암비를 지닌다. 따라서 후반 작업 단계에서 조도나 노출이 제각각인 여러 장면을 조정해, 시청자에게 일관되고 몰입감 높은 영상 경험을 제공해야 한다. AI는 HDR 소스의 픽셀 정보를 학습해, 어떤 부분의 하이라이트를 강조하고 어떤 영역의 섀도(Shadow)를 살려야 하는지 자동으로 판단한다. 전통적으로는 컬러리스트가 장면마다 세부 수치를 손보고 테스트했지만, AI가 일정 규칙에 따라 일괄 적용해 준 뒤 컬러리스트가 미세 조정하는 방식으로 워크플로 효율이 크게 올라간다(Endo et al., 2017).

색 교정 자동화와 일관성 유지

프로덕션 과정에서 조명 세팅이 달라지면, 같은 공간이라도 전혀 다른 톤으로 촬영될 수 있다. 이는 후반 작업에서 큰 부담이 된다. AI는 색온도, 밝기, 채도 정보 등을 자동 분석해 '목표 톤'에 맞추어 교정해 준다. 이를 통해 장면마다 튀는 색 차이를 최소화해 영상 전반에 통일감을 줄 수 있다. 예를 들어, 한 드라마에서 낮 촬영본과 저녁 촬영본이 섞여 있고, 조명 콘셉트가 조금씩 달라 혼합된 화면 톤을 AI가 학습한 뒤 목표 톤을 설정하면, 영상 전체가 조금 더 균질하게 통일된 분위기로 조정될 수 있다. 물론 극적 효과를 위해 의도적으로 색 변화를 주어야 할 때는 AI 처리 후 컬러리스트가 또다시 세밀히 손을 본다.

영상미 극대화를 위한 AI 활용 사례

최근 대형 영상 제작사들은 AI 기반 컬러 그레이딩 설루션을 도입해 촬영 원본을 빠르게 프리뷰하고, 감독이 원하는 기조(look)에 맞춰 1차 색 보정을 자동화한다. 이를 통해 편집이나 후반 작업 일정이 단축되고, 예산도 절감된다. 특히 광고업계에서는 짧은 영상 제작 주기와 방대한 버전(Variant)의 편집본을 요구받는다. 예컨대 해외 여러 국가에 동시에 송출할 경우, 문화권별, 시간대별로 색감을 다르게 맞추는 식이다. AI가 다국적 마케팅에 필요한 다양한 색 버전을 자동으로 생성하면, 수십 가지 버전을 빠르게 시도해 볼 수 있어 혁신적으로 효율이 올라간다.

전통적 후반 작업과의 통합 프로세스

AI가 제시한 컬러 그레이딩 결과물을 곧바로 완성본으로 사용하는 경우도 있지만, 전문 컬러리스트의 감각적 보정이 필수적인 작품이 많다(Hullfish, 2013). 왜냐하면

AI는 통계적으로 '자연스러운' 색을 찾는 데에는 탁월하지만, 감독이나 촬영 감독이 의도하는 예술적 콘셉트나 스토리텔링 맥락을 완전히 파악하지는 못하기 때문이다. 따라서 오늘날 영상 후반 작업에서는 'AI 1차 보정 → 컬러리스트 2차 크리에이티브 보정' 방식이 일반화되는 추세다. 이는 촬영 현장 스케줄이 빠듯한 경우 시간을 아껴 주고, 컬러리스트가 정교한 표현에 집중할 수 있게 만들어 준다.

창의적 표현과 한계

AI 컬러 그레이딩은 빛, 색온도, 채도 등을 과학적으로 분석해 빠르고 일관된 결과를 낼 수 있다. 하지만 예술적 실험이나 개성 있는 '룩'을 담아내려면 여전히 인간의 주관적 판단이 중요하다. 예컨대 의도적으로 채도를 과장하거나, 일부 영역에만 강렬한 색 대비를 넣는 연출은 AI가 자동으로 제안하기는 어렵다. 또한 AI가 학습한 자료가 한정적이면, 특정 스타일에 치우치는 결과가 나올 수 있다(Chen et al., 2018). 비정형적이거나 기존에 잘 없던 색 사용은 데이터가 적기 때문에 과감하게 제안되지 않는다. 이 때문에 AI 설루션 자체에 다양한 예술적 레퍼런스를 투입하거나, GAN 모델처럼 '창의적 혼합'을 허용하는 알고리즘 연구도 진행 중이다.

미래 전망: 실시간 렌더링과 사용자 참여

영화 · 드라마뿐 아니라 실시간 방송이나 스트리밍 영상에서도 AI 컬러 그레이딩이 도입될 가능성이 높다. 예컨대 라이브 이벤트 중에도 AI가 카메라 피드의 색감을 분석 · 보정해, 시청자에게 더 다이내믹한 컬러 표현을 전달할 수 있다. VR이나 AR 영상에서도 장면마다 색 연출을 자유롭게 바꿔 주어 몰입감을 높일 수 있을 것이다. 또한 일반 사용자나 1인 크리에이터들도 AI 기반 컬러 그레이딩을 활용해 전문가 수준의 작업을 손쉽게 할 수 있게 될 것으로 보인다. 현재 일부 영상 편집 소프트웨어는 '원클릭 AI 컬러 보정' 기능을 제공하며, 앞으로는 더 정교하고 다양한 스타일 옵션이 추가될 전망이다. 영상 제작에 대한 진입 장벽이 낮아지면, 창의력 있는 개인 크리에이터가 색 연출에 대해 실험해 보는 범위도 훨씬 넓어질 것이다.

참고문헌

Chen, J., et al.(2018). Deep photo enhancer: Unpaired learning for image enhancement from photographs with GANs. *IEEE*

transactions on image processing, 27(9), pp.4652–4663.
Endo, Y., et al.(2017). Deep reverse tone mapping. *ACM transactions on graphics*, 36(6), p.177.
Hullfish, S.(2013). *Color correction handbook: Professional techniques for video and cinema*(2nd ed.). Peachpit Press.
Reinhard, E., et al.(2010). *High dynamic range imaging: Acquisition, display, and image-based lighting*(2nd ed.). Morgan Kaufmann.

07
패션과 뷰티 산업의 AI 큐레이션

패션과 뷰티 산업에서 '색'은 트렌드를 이끄는 동시에 개인의 정체성을 표현하는 핵심 수단이다. 최근에는 단순히 시즌별 유행 색이나 디자이너 감각에만 의존하지 않고, 인공지능을 활용해 소비자의 취향과 신체 · 피부 톤 데이터를 분석하고, 가상 시뮬레이션을 제공하는 흐름이 확산되고 있다. 예컨대 온라인 쇼핑몰에서는 증강현실(AR)을 통해 입어 볼 수 없는 옷을 가상으로 시착해 보고, 뷰티 앱에서는 AI가 개인 얼굴 톤에 맞춰 가장 잘 어울리는 립스틱 색을 추천해 주는 식이다.

AI와 윤동주?

이러한 변화를 가능하게 한 주요 동력은 빅데이터와 AI 알고리즘의 발전이다. 방대한 제품 및 소비자 정보를 분석해 '나에게 꼭 맞는 색'을 실시간으로 찾아 주고, 그 결과를 시각적으로 시뮬레이션해 보는 경험은 과거에는 상상하기 어려웠던 일이다. 이 장에서는 패션 및 뷰티 산업 전반에 도입된 AI 컬러 큐레이션이 어떤 방식으로 혁신적인 소비자 경험을 만들어 내고 있으며, 시장 트렌드와 함께 어떤 미래를 열어 갈지 살펴본다.

개인화된 컬러 추천의 중요성

패션, 뷰티 시장에서 개인 맞춤형 컬러 추천이 떠오르는 이유는, 소비자마다 어울리는 색이 다르기 때문이다. 사람의 피부 톤이나 머리카락 색, 체형, 선호 스타일은 각기 달라, 어떤 이는 선명한 원색을 좋아하고, 또 다른 이는 파스텔 톤을 선호한다(Elliot & Maier, 2014). 문제는 매장 직원이 일일이 소비자 취향과 특성을 파악하기가 쉽지 않고, 소비자 스스로도 자신에게 잘 맞는 색을 명확히 설명하기 어렵다는 점이다.

AI 컬러 큐레이션은 이런 문제를 해결하기 위해, 온라인과 오프라인에서 수집한 소비자 데이터를 머신 러닝으로 분석한다. 구매 이력, 소셜 미디어 게시물, 사용자

셀카 이미지 등을 종합해 '이 소비자는 어떤 색 조합에 긍정적 반응을 보였는가'를 파악하고, 이를 토대로 가이드라인을 생성한다. 이렇게 탄생한 컬러 추천은 과학적이고 데이터 기반이므로, 개인은 본인이 몰랐던 '새로운 색의 매력'을 발견하기도 한다.

패션 업계의 AI 컬러 큐레이션 사례

의류 브랜드들은 온라인 스토어에서 AI를 도입해 소비자에게 즉각적인 색상 추천을 제공하고 있다. 예컨대 사용자가 자신의 피부 톤이나 헤어 컬러, 선호 스타일을 간단히 입력하면, AI가 빅데이터를 분석해 "가을 웜 톤에 적합한 오렌지 빛 브라운 재킷" 같은 맞춤형 제안을 할 수 있다. 이는 과거 '같은 스타일 · 색을 대다수 소비자에게 일괄적으로 권하는' 식에서 벗어나, 한 사람 한 사람의 개성을 반영한다는 점에서 의미가 크다(Labrecque et al., 2013).

또한 기성복 중에서도 다양한 색 변형 제품을 준비해 두고, 재고와 판매 데이터를 연동해 어떤 색이 인기 있는지 실시간 추적하는 기업 사례도 늘고 있다. AI가 색별 매출 흐름을 파악해 보완 주문 시기를 알려 주거나, 재고가 남을 것 같은 색은 미리 할인 프로모션을 권유하는 식이다. 이렇게 개인화 추천과 재고 관리, 시장 트렌드 분석이 결합되면, 기업 입장에서 효율적이고 소비자 입장에서도 만족도가 높아지는 구조가 형성된다.

뷰티 산업에서의 AR 시뮬레이션

뷰티 분야는 색이 구매 결정에 직결되는 대표적 영역이다. 립스틱, 파운데이션, 아이섀도 등 색조 화장품은 실제 발색이 중요한데, 온라인 쇼핑에서는 이를 충분히 확인하기 어렵다는 문제점이 있었다. 그런데 증강현실 기술과 AI 얼굴 인식·색 보정 기술이 결합하면서, 스마트폰 카메라를 통해 '가상 메이크업'을 체험하는 서비스가 등장했다(Kim & Forsythe, 2008).

사용자는 자신의 얼굴을 화면에 비추면, AI가 얼굴 윤곽과 피부 톤을 인식해 원하는 제품의 색을 실시간으로 입혀 준다. 이때 AI는 실제 조명 조건과 사용자 피부색을 고려해, 최대한 현실감 있게 발색을 시뮬레이션한다. 그렇게 만들어진 '가상 메이크업' 이미지를 보고 소비자는 즉시 구매 결정을 내릴 수 있고, 만족도가 높아질 수 있다.

가상 피팅과 AI 스타일링

옷을 직접 입어 보지 않고도 자신에게 잘 맞는 색과 사이즈, 디자인을 확인해 주는 '가상 피팅(Virtual Fitting)' 설루션도 많은 관심을 받고 있다. 과거에는 2D 이미지 합성이 주를 이뤄서 정확도가 떨어졌지만, 현재는 3D 스캐닝 및 AI가 결합해 신체 특성에 맞춰 옷이 어떻게 착용될지 시뮬레이션한다. 이때 '색상 조합' 역시 중요한 요소다.

특히 아우터나 상·하의 색 매칭을 고민하는 소비자를 위해, AI가 현재 장바구니에 담긴 다른 아이템 색과 궁합을 분석해 준다. 예를 들어, 이미 선택해 둔 바지 색이 카키라면, 상의로 어떤 색을 추천할지를 자동으로 보여 주는 식이다(Labrecque et al., 2013). 일부 플랫폼은 사용자의 SNS 프로필 사진이나 과거 구매 이력을 토대로, "이 색 조합을 시도해 보면 어떻겠는가"라는 '스타일링 가이드'까지 제안한다.

트렌드 분석과 신제품 컬러 기획

패션 및 뷰티 업계에서는 시즌마다 유행 색을 빠르게 파악하고, 신제품을 기획해야 한다. AI는 대규모 소셜 미디어 데이터나 검색 트렌드를 분석해, 특정 컬러가 언제

부터 부상했고 어떤 이유로 인기가 높아졌는지 추적한다(Elliot & Maier, 2014). 예컨대 한여름에 뜨거운 날씨가 계속되면 시원해 보이는 파스텔 블루나 민트 계열이 SNS에서 많이 언급될 수 있는데, AI가 그 흐름을 실시간 감지해 신상품 기획이나 마케팅 전략을 세울 수 있다.

또한 글로벌 패션쇼나 인플루언서 착용 사진을 크롤링해, 어떤 컬러가 주로 강조되는지 패턴을 찾아내기도 한다. 이를 통해 기업은 해외 트렌드를 빠르게 도입하고, 자사 브랜드 이미지에 맞는 색 팔레트를 확대할 수 있다. 이렇게 AI가 제공하는 트렌드 예측은 과거처럼 디자이너 직감이나 소수 전문가 의견에만 의존하던 방식을 크게 보완해 준다.

초개인화된 컬러 컨시어지 서비스

소비자 중에는 패션, 뷰티에 대한 관심이 높아, 매 시즌새로운 컬러 스타일을 시도해 보고 싶어 하는 이들도 많다. 이를 겨냥해 일부 플랫폼은 '컬러 컨시어지(concierge)' 서비스를 준비하고 있다. 사용자가 자신의 체형, 피부톤, 라이프스타일, 선호 색 등을 AI와 몇 번의 대화형 인터페이스로 입력하면, AI는 개인 맞춤형 색 코디네이션을 제공한다.

이 과정에서 AI는 개인의 일정, 기분, 행사 목적 등 맥락까지 고려해, "이번 주말 파티에는 이 색상을 추천하며, 비즈니스 미팅에는 이런 계열이 어떠냐"라는 식의 세분화된 제안을 할 수 있다. 이는 온라인 · 오프라인 매장을 넘나드는 옴니채널(Omnichannel) 전략과 결합하면, 고객 맞춤형 큐레이션으로 브랜드 충성도를 높일 수 있다는 장점이 있다.

소비자 경험 혁신과 윤리적 고려

AI 컬러 큐레이션이 소비자 경험을 혁신한다는 사실에는 의심의 여지가 없지만, 몇 가지 윤리적, 사회적 과제도 고려해야 한다. 먼저, 개인 취향 정보를 상세하게 수집하는 만큼, 개인정보 보호 문제가 따른다. 또, AI가 특정 '표준 미적 기준'을 강화하거나, 특정 색 편향을 부추길 수 있다는 우려도 제기된다.

예컨대 AI가 '대다수에게 인기 있는 색'을 기준으로만 추천하면, 소수 취향이나 독특한 스타일을 찾는 사람은 배제될 수 있다. 또한 전 세계 소비자를 대상으로 서비스할 때, 문화권별 색 상징이 제대로 반영되지 않으면 거부감이 생길 수도 있다(Labrecque et al., 2013). 따라서 기업은 AI가 제시하는 색 추천의 한계를 인식하고, 다원적,

포용적 시각을 유지해야 한다.

미래 전망: AR, VR 융합과 실감형 쇼핑

앞으로 패션, 뷰티 산업에서는 AR, VR 기술과 AI 컬러 큐레이션이 더욱 융합되어, 매장 방문 없이도 현실감 높게 제품을 체험할 수 있는 '실감형 쇼핑'이 보편화될 것으로 보인다(Kim & Forsythe, 2008). 가령 VR 헤드셋이나 AR 안경을 착용하면, 실제 매장에 들어간 듯한 공간에서 옷을 둘러보고, AI가 즉석에서 색 조합을 추천해 주는 시나리오다.

소비자는 여러 색상 버전을 비교한 뒤, 그 자리에서 결제하고 상품을 수령한다. 이때 AI는 개인 신체 데이터와 취향 분석을 실시간으로 업데이트해, 사용자 경험을 지속 개선한다. 결국 패션, 뷰티 산업에서의 AI 컬러 큐레이션은 단순한 보조 기술이 아니라, '맞춤형 색 경험'을 통해 소비자의 라이프스타일까지 변화시키는 중요한 혁신 동력으로 자리 잡을 전망이다.

참고문헌

Bellizzi, J. A. & Hite, R. E.(1992). Environmental color, consumer feelings, and purchase likelihood. *Psychology & marketing,*

9(5), pp.347–363.

Elliot, A. J. & Maier, M. A.(2014). Color psychology: Effects of perceiving color on psychological functioning in humans. *Annual review of psychology*, 65, pp.95–120.

Kim, J. & Forsythe, S.(2008). Adoption of Virtual Try–On Technology for Online Apparel Shopping. *Journal of Interactive Marketing*, 22, pp.45–59.

Labrecque, L. I., et al.(2013). The marketers' prismatic palette: A review of color research and future directions. *Psychology & marketing*, 30(2), pp.187–202.

08
AI와 컬러 접근성

디지털 시대에 웹 · 앱 · 소프트웨어는 일상에서 떼어 놓을 수 없는 필수 매체가 되었다. 그러나 색각 이상을 지닌 사용자나 노약자 · 저시력자에게는 여전히 다수의 콘텐츠가 읽기 어렵거나 정보를 구분하기 힘든 문제를 안고 있다. 이처럼 색을 구분하기 어려운 환경에서도 누구나 동일한 정보를 얻고 사용할 수 있도록 하는 것이 바로 컬러 접근성이다. 최근에는 AI 기술이 색 배색 진단과 보정 작업을 자동화함으로써, 접근성 이슈를 보다 효율적으로 해결하는 길을 열어 주고 있다.

AI와 한의학?

예를 들어, AI가 웹페이지나 앱 화면을 분석해 '글자와 배경의 색 대비가 충분한지', '색각 이상 사용자가 구분하기 어려운 색 조합은 아닌지'를 체크한 뒤, 자동으로 보정안을 제안할 수도 있다. 또한 증강현실이나 모바일 카메라 앱 등을 통해 실시간으로 주변 색을 변환해 주어, 색각 이상자가 보다 쉽게 정보를 인지하도록 도울 수 있다. 이 장에서는 이러한 AI 기반 컬러 접근성 기술의 원리와 사례를 살펴보고, 모든 사용자를 포용하는 디자인 철학의 중요성과 미래 전망을 짚어 보려 한다.

컬러 접근성의 개념과 중요성

디자인에서 색은 정보를 전달하는 핵심 수단이다. 예컨대 교통 신호나 경고 알림, 그래프의 구분선 등은 색을 통해 '안전', '위험', '데이터 차이' 등을 직관적으로 표현한다. 하지만 일부 사용자에게 특정 색 조합은 구분이 되지 않거나, 빛의 농도나 색온도에 따라 다르게 보일 수 있다. 따라서 웹 접근성 가이드라인(WCAG)은 '색을 유일한 구분 수단으로 사용하지 말 것', '충분한 색 대비(Contrast Ratio)를 확보할 것' 등을 권장한다(W3C, 2018).

컬러 접근성은 장애 인권이나 형평성의 문제를 넘어,

사용자 경험(User Experience, UX) 전반에 영향을 준다. 접근성이 낮은 제품은 사용성을 떨어뜨리고, 나아가 고객 이탈로 이어질 수 있다. 반면 색각 이상자를 배려한 디자인은 오히려 일반 사용자에게도 더 명료한 인터페이스를 제공해, 결과적으로 전체적인 가독성과 편의성을 높인다.

색각 이상과 AI 진단

색각 이상은 흔히 빨강(R), 초록(G), 파랑(B) 원추세포 중 하나 이상이 정상적으로 기능하지 않는 상태를 말한다. 사용자가 구별하기 어려운 색 조합을 예측하기 위해, 과거에는 '시뮬레이션 필터'를 적용해 모니터나 화면을 특정 색각 이상 상태로 변환해 보는 방식이 주로 쓰였다. 그러나 AI가 등장하면서, 더 정교하게 '어떤 요소가 어느 정도로 혼동될 위험이 있는지'를 진단해 줄 수 있게 되었다.

예컨대 웹페이지나 앱 화면 전체를 스크린샷으로 받아, AI 모델이 픽셀 단위의 색 데이터를 분석한 뒤, 색각 이상 유형별 혼동 지수를 계산하고 자동 리포트를 생성하는 식이다. 이 과정에서 AI는 사용자의 문화권이나 UI 레이아웃 배치 정보까지 고려해 "중요 정보가 색상만으로 전달되지 않는지"를 점검해 준다(Szafir, 2018).

대비 계산과 자동 보정

WCAG 2.1에서는 텍스트와 배경 색 사이에 최소 4.5:1 (일반 텍스트 기준) 이상의 대비 비율을 권장한다(W3C, 2018). 이를 만족하기 위해, 개발자나 디자이너는 수작업으로 색을 조정해 왔는데, AI가 이를 자동화할 수 있다.

AI 기반 대비 보정 툴은 화면 전체를 스캔한 뒤, '대비가 부족한 텍스트'와 '시각적 요소'를 찾아낸 다음, 색을 약간 어둡게 하거나 밝게 해 색 대비를 높인다. 또한 색각 이상자를 위한 모드가 있으면, AI가 그들의 혼동 영역을 축소하도록 보정안을 제시할 수 있다. 일례로 특정 색조를 바꾸거나 채도·명도를 조정해 겹치는 파장대가 최대한 적도록 하는 식이다. 물론 이러한 자동 보정이 전체 디자인 콘셉트와 어울리는지, 시각적 개성을 훼손하지는 않는지 최종 판단은 디자이너가 맡는다.

AI를 활용한 색 접근성 점검 툴 사례

일부 웹 접근성 검사 도구나 디자인 소프트웨어에는 AI 기능이 탑재되어, 실시간 접근성 점수를 계산해 준다.

예를 들어 색 배색 팔레트를 등록해 두면, AI가 "이 조합은 일반 사용자에게는 적절하지만, 적녹 색각 이상자에게는 혼동이 예상되므로 명도 차이를 10% 늘리라"는 식의 구체적인 수치를 제안한다(Szafir, 2018).

또한 이러한 툴은 학습 데이터로 다양한 사용자 피드백과 색각 테스트 결과를 활용한다. 알고리즘이 사용자 반응을 바탕으로 색 혼동 상황을 개선할 수 있는 대안을 지속 학습함에 따라, 접근성 보정 정확도도 점차 향상된다. 기업들은 이를 UX 프로세스 초기에 도입해, 출시 전부터 접근성을 높은 수준으로 구현하고 있다.

AR/VR에서의 컬러 접근성 보정

증강현실이나 가상현실 환경에서도 컬러 접근성이 중요하다. 예를 들어 AR 게임에서 포켓몬 캐릭터를 찾거나, VR 교육 콘텐츠에서 색 구분으로만 상황을 지시하는 경우라면, 색각 이상자는 플레이나 학습에 지장이 생길 수 있다.

AI는 카메라로 들어오는 실시간 영상을 분석해, 색 대비가 떨어지는 영역을 실시간으로 보정할 수 있다. 특정 색이 혼동을 일으킬 가능성이 높으면, AI가 그 부분의 색상을 약간 바꾸어 표시한다. 더 나아가 사용자 프로필에

저장된 '개인별 색각 데이터'를 기반으로, 각자에게 최적화된 색 보정 모드를 제공하기도 한다.

텍스트 외 요소와 색만으로 전달되는 정보

컬러 접근성은 텍스트-배경 대비뿐 아니라, 그래프나 아이콘, 경고 표시 등 '색만으로 의미를 표현하는 요소'에도 적용된다. 예를 들어 막대그래프에서 빨강 막대가 수익, 파랑 막대가 비용을 의미한다면, 색각 이상자는 이를 구별하기 어려울 수 있다. AI 기반 설루션은 이런 그래프 요소를 자동으로 검출해, 채우기 패턴이나 테두리 형태 등 대체 시각 정보를 부여하도록 안내할 수 있다(Fairchild, 2013).

또한 교통 · 긴급 재난 등 공공 서비스에서는 색으로만 정보가 전달되지 않도록, 음성 안내나 진동 등 멀티모달(Multimodal) 접근이 병행되어야 한다. AI가 텍스트, 아이콘, 색 정보를 통합 분석해, "색으로만 구분된 경고 표시가 있으니 다른 형태나 음성 안내를 추가하라"는 식의 제안을 할 수도 있다.

접근성의 비즈니스 가치와 윤리

색 접근성을 강화하면 자연스럽게 사용자 저변이 확대

된다. 이는 장애인 고객뿐 아니라 고령층, 색 구분 능력이 일시적으로 제한된 상황(어두운 조명 환경 등)에서도 서비스 품질을 높이는 효과가 있다. 더불어 접근성은 기업 이미지를 개선하고, 다양한 고객에게 열린 브랜드로 자리매김하는 길이 된다.

윤리적 측면에서, AI가 색을 자동으로 보정한다고 해서 모든 사용자의 주관적 경험을 완벽히 대변할 수는 없다. 색각 이상도 유형과 정도가 다양하기 때문이다. 따라서 AI 설루션은 각 개인의 의견과 실제 사용 패턴을 반영해, '개별 커스터마이즈'를 가능하게 해야 한다. 또한 접근성 준수는 '필수 요건'이라는 인식이 확산됨에 따라, 디자이너와 개발자가 초기 단계부터 이를 고려하는 설계 문화를 만들어야 한다.

미래 전망: 실시간 개인 맞춤형 접근성

앞으로는 운영 체제나 브라우저 차원에서 실시간 컬러 접근성 보정 기능이 표준화될 가능성이 높다. AI가 사용자 프로필을 저장해 두었다가, 어떤 웹사이트든 앱이든 접속 시 화면 컬러를 자동 변환해 준다면, 색각 이상자는 별도의 설정 없이도 일관된 '읽기 편한' 경험을 누릴 수 있다(W3C, 2018).

또한 AI가 뇌파나 안구 움직임 등 생체 신호를 감지해, 사용자가 현재 색 구분에 어려움을 느끼는지 판단한 뒤 즉시 색을 보정해 주는 기술도 연구되고 있다. 이러한 '상시 보정'이 보편화된다면, 컬러 접근성은 특정 사용자 군만의 문제가 아니라, 모든 사람이 상황에 따라 더 편리하게 색을 인식할 수 있는 '스마트 기능'으로 자리 잡을 것이다. 궁극적으로, 색 접근성을 위한 AI는 디자인의 한계를 보완하는 수준을 넘어, '인간 중심의 기술'이 어떻게 구현되어야 하는지 보여 주는 사례가 될 전망이다.

참고문헌

Elliot, A. J. & Maier, M. A.(2014). Color psychology: Effects of perceiving color on psychological functioning in humans. *Annual review of psychology*, 65, pp.95-120.

Fairchild, M. D.(2013). *Color appearance models*(3rd ed.). Wiley.

Szafir, D. A.(2018). Modeling color difference for visualization design. *IEEE transactions on visualization and computer graphics*, 24(1), pp.392-401.

W3C(World Wide Web Consortium)(2018). Web Content Accessibility Guidelines(WCAG) 2.1, https://www.w3.org/TR/WCAG21/

09
산업 현장의 AI 컬러 매니지먼트

산업 현장에서 색을 다루는 일은 단순히 '보기 좋은 제품'을 만드는 데 그치지 않는다. 옷감이나 플라스틱, 자동차 도장, 전자 기기 디스플레이 등 색이 핵심적인 품질 지표가 되는 산업군에서는 색 편차를 철저히 제어해 소비자가 기대하는 수준의 일관성을 제공해야 한다. 이를 위해 현재까지 사람의 육안 검사와 표준화 장비에 의존하는 경우가 많았지만, 사람 눈은 환경 조명이나 피로도 등 여러 요인에 따라 정확도가 달라진다.

AI와 화장품?

최근에는 인공지능이 이러한 컬러 관리 공정을 자동화하고 고도화함으로써, 실시간으로 색 편차를 감지하고 교정하는 기술이 주목받고 있다. AI는 센서나 카메라로부터 수집한 색 정보를 신속하게 분석해 "기준 색과 얼마나 다른지", "공정에 문제가 있는지" 등의 결과를 제시해 주고, 필요하면 즉시 제조 라인에 피드백을 보낸다. 이 장에서는 이러한 AI 컬러 매니지먼트의 원리와 구현 방식, 그리고 프린팅, 디스플레이 등 대표 산업 분야에서의 활용 사례를 살펴본다.

산업 현장에서 색 관리의 중요성

제품 생산 과정에서 색에 대한 요구가 정확해질수록, 미세한 편차도 소비자 불만이나 반품으로 이어질 수 있다. 예컨대 자동차 페인트 색이 약간만 달라도 '불량'으로 간주되고, 하이엔드 패션 브랜드의 천 색상이 원단마다 제각각이면 품질 문제가 제기된다. 그렇다고 모든 공정마다 인력을 투입해 육안 검사를 하는 것은 시간과 비용 부담이 크며, 주관적 오차도 발생한다.

AI 컬러 매니지먼트는 이러한 딜레마를 해결하고자, 사람을 대신해 색 정밀도를 실시간 감시한다. 이 방식은 수시로 바뀌는 조명 조건이나 재질 특성, 라인별 생산 속도 차이 등을 감안해 자동 보정하거나 품질 검사(Quality Control) 리포트를 생성함으로써, 일관된 컬러를 유지하도록 돕는다(Rigg, 2019).

AI 기반 컬러 센싱과 데이터 처리

산업용 카메라나 분광광도계(Spectrophotometer) 등 센서 장비를 통해 제품의 색상 데이터를 수집하면, AI 알고리즘이 이를 분석해 기준 색과의 편차(ΔE) 등을 계산한다. 전통적으로는 색 공간(LAB, XYZ 등)에 기반해 ΔE 값을 산출했으나, AI는 한 걸음 더 나아가 공정 환경, 재질, 빛 반사 특성 등 맥락 정보를 함께 처리한다(Fairchild, 2013).

예컨대 딥 러닝 모델은 빛 반사율 스펙트럼 데이터를 학습해, 표면 질감이나 조도 변화에도 불구하고 '실제 색이 얼마나 일관성 있게 유지되는지'를 예측한다. 이를 통해 미세한 차이도 잡아내며, 육안으로는 구별하기 힘든 수준에서도 "기준치 이상 편차가 발생했다"고 알려 준다.

실시간 공정 제어와 품질 검사(QC)

AI 컬러 매니지먼트 설루션 중 일부는 제조 라인에 설치된 센서를 통해, 제품이 생산되는 즉시 색 데이터를 읽고 공정 제어 시스템에 신호를 보낸다(Bernardo, 2020). 예를 들어 플라스틱 사출성형 라인에서 착색물이 제대로 혼합되지 않아 색 편차가 커지면, AI가 이를 감지해 착색물 농도나 온도 등을 조정하도록 지시한다.

이처럼 색 편차가 발생했을 때, 과거에는 일정 주기마다 검사를 하거나 육안으로 확인하던 것을 이제는 '실시간 자동화'로 바꿀 수 있다. 불량 제품이 대량으로 생산되기 전에 문제를 조기에 파악해, 원재료 낭비와 비용 손실을 줄이는 효과가 크다.

프린팅 산업에서의 AI 컬러 정확도 향상

인쇄, 프린팅 분야는 색 재현이 핵심 과제다. 광고 브로슈어나 고품질 잡지, 예술 프린트물 등은 특정 색이 원본과 최대한 일치해야 높은 만족도를 얻는다. 이를 위해 국제 컬러 컨소시엄(ICC) 프로파일을 적용하긴 하지만, 인쇄 기계 상태나 종이 재질, 잉크 로트(Lot) 등 변수가 많아 실제 출력물은 여전히 편차가 발생한다.

AI가 적용되는 프린팅 라인에서는 센서로 출력물을 스캔해 즉각적으로 색 편차 데이터를 수집하고, 필요하면 잉크 농도나 인쇄 속도를 조절해 목표 색에 근접시킨다. 또한 '베타 버전' 출력물을 몇 장 뽑은 뒤 AI가 ΔE 값을 측정해 오퍼레이터에게 보정값을 제안하면, 이후 본격적인 대량 인쇄에 들어가기 전에 색 문제를 해결할 수 있다(Cui et al., 2018).

디스플레이 산업과 색 캘리브레이션

TV, 모니터, 스마트폰 디스플레이 제조사들은 출고 전 캘리브레이션(Calibration)을 통해 제품이 규정 색역과 밝기 스펙에 맞게 작동하는지 검사한다. 빛의 발광 특성, 패널 자체의 편차 등으로 인해 같은 모델이라도 색감이 달라질 수 있기 때문이다.

AI는 디스플레이 생산 라인에서 패널별로 측정된 발광 스펙트럼과 목표 색역을 비교 분석한 뒤, 픽셀 구동 데이터를 미세 조정해 오차를 줄여 준다(Murdoch et al., 2019). 이를 통해 소비자가 받게 되는 디스플레이는, 명암비나 채도 등이 표준 프로파일에 더 가깝게 유지된다. 또한 출고 후에도 소프트웨어 업데이트를 통해 AI가 자체 보정 프로세스를 실행하도록 함으로써, 장기간 컬러 일관성을 유지하는 제품을 만드는 사례도 있다.

딥 러닝 모델 학습과 데이터 확보 과제

AI 컬러 매니지먼트가 제대로 작동하려면, 학습에 필요한 대규모 컬러 데이터가 필수적이다. 그러나 산업 현장의 공정은 재질, 조도, 온도, 습도 등 복합적 변수가 많기 때문에, 이러한 상황을 대표하는 학습 데이터를 확보하기가 쉽지 않다. 또, 기업 입장에서 특정 공정 노하우를 공개하기 어려운 상황도 있어, 데이터 공유에 제한이 따른다.

그럼에도 딥 러닝이 컬러 관리에 탁월한 이유는, 전통적 알고리즘이 고려하지 못한 맥락까지 스스로 추론하기 때문이다. 예컨대 금속 표면에 따라 반사광이 달라지고, 색 편차가 조명의 스펙트럼 영향인지, 아니면 자체 안료 분포 문제인지 판단해 내는 식이다(Zhang et al., 2017). 이렇듯 복잡한 인과관계를 파악해 주기 때문에, 초기 학습 데이터 확보만 해결되면 AI의 장점은 매우 크게 발휘된다.

산업 표준화와 AI 매니지먼트의 시너지

여러 산업 분야에서 컬러 표준(예: Pantone, Munsell, RAL, ISO 표준 등)이 도입되어 있지만, 실제 운영 과정에서 표준을 준수하기가 어렵거나 비용이 많이 드는 문제도 지적된다. AI 매니지먼트 설루션은 표준 팔레트와 연동해, "현재 생산 중인 색이 표준과 어느 정도 오차 범위 내에 있는가"를 자동으로 계산하고, 필요시 교정 절차를 안내한다.

장기적으로는 산업 전체가 디지털 컬러 표준을 더 정교하게 개발하고, AI가 이를 준수하도록 하는 체계가 구축될 것으로 보인다. 이는 글로벌 공급망에서 동일 제품을 여러 공장이나 지역에서 생산할 때도, 컬러 일관성을 유지하는 데 큰 도움을 줄 것이다(Rigg, 2019).

미래 전망: 예측 제어와 전 과정 자동화

앞으로의 AI 컬러 매니지먼트는 단순히 편차를 감지하고 보정하는 단계를 넘어, 공정 조건을 사전에 예측하고 자동으로 세팅하는 '예측 제어(Predictive Control)'로 진화할 가능성이 높다. 예컨대 날씨나 습도 변화를 예측해, 공정 설비나 잉크 교반 장치를 미리 조정함으로써 색 편차 발생 자체를 최소화할 수 있다는 것이다.

또한 IoT(사물인터넷)와 연계해, 원료 공급 단계부터 제품 출하까지 실시간 모니터링과 자동 피드백이 이뤄지는 전 과정 자동화가 산업 전반에 보급될 수 있다. 이때 AI는 시뮬레이션을 통해 "만약 특정 원료가 달라진다면 최종 색이 어떻게 달라질 것인가"를 예측해, 재설계안까지 제시해 줄 수도 있다. 이는 결국 생산 효율과 품질, 나아가 소비자 신뢰도까지 높여 주는 핵심 기술로 자리 잡을 전망이다.

참고문헌

Bernardo, D. F.(2020). Real-time vision-based color quality control in manufacturing systems. IEEE Access, 8, 209732-209745.

Cui, Y., et al.(2018). An image-based color calibration method for industrial printing. In Proceedings of the IEEE Winter Conference on Applications of Computer Vision(WACV), pp.678-686.

Fairchild, M. D.(2013). *Color appearance models*(3rd ed.). Wiley.

Murdoch, A. B., et al.(2019). Automated color calibration of display devices using machine learning. *Journal of the Society for Information Display*, 27(4), pp.211-217.

Rigg, B.(2019). Color management for textiles: A pragmatic approach to understanding color. *AATCC review*, 19(6), pp.12-20.

Zhang, R., et al.(2017). Real-time user-guided image colorization with learned deep priors. *ACM transactions on graphics*, 36(4), p.119.

10

미래 전망

인공지능이 색을 정의하고 추천하는 시대가 도래하고 있다. 우리는 이미 온라인 쇼핑몰에서 AI가 제안하는 옷 색상을 골라 입고, 사진 편집 앱에서 AI가 제시하는 필터를 적용하며, 영화 후반 작업에서도 AI 컬러 그레이딩을 적극 활용한다. 색은 단순히 '눈으로 보는 것'이 아니라, 데이터 기반으로 수집, 분석되어 인간의 감각과 결합하는 새로운 문화를 형성 중이다.

종교와 AI?

AI가 색채를 다루는 방향이 향후 어떤 문화 예술적 함의를 띠게 될지, 그리고 일상과 산업에 어떤 영향을 미칠지 조망하고자 한다. 색에 대한 정의와 창작, 보정, 추천이 AI 중심으로 이뤄지게 되면, 우리는 과연 색을 어떻게 경험하고 해석하게 될까? 이러한 변화는 예술과 디자인의 영역만이 아니라, 경제, 사회, 철학 전반에 여운을 남길 전망이다.

AI가 색의 개념을 재정의하다

색은 전통적으로 물리학적으로 '빛의 파장'이며, 생물학적으로 '망막의 반응'이라는 의미를 갖는다. 그런데 AI 시대에 접어들면서 색은 확률적으로 계산되고 맥락적으로 해석되는 '데이터'로도 자리매김하고 있다. 예컨대 AI 모델이 분석한 색은 인간의 주관적 느낌을 수치화해, "이 색은 심미적으로 우울해 보일 확률이 높다" 혹은 "사용자가 이 팔레트에 긍정적 반응을 보일 가능성이 70%"처럼 표현될 수 있다(Elliot & Maier, 2014).

이는 색채의 정의가 더 넓어짐을 의미한다. 단순한 '시각 자극'이 아니라 소비자 취향, 문화적 의미, 심리적 연상을 포괄하는 통합적 데이터 단위가 되는 것이다. 앞으로 AI가 제공하는 색 추천은 '이 색은 특정 문화에서 어떤 역사적 함의를 갖고 있고, 사용자 취향과 어떤 연결점을 갖는지'까지 고려할 수 있을지 모른다.

데이터 기반 색창작의 진화

예술과 디자인에서 AI는 이미 '새로운 색 구현'의 조력자로 두각을 나타내고 있다. 앞으로는 생성 모델이 더욱 발전해, 기존 인간 예술가가 상상하지 못했던 독특한 색 질감 조합을 대규모로 탐색할 것이다. 이 과정에서 인간 작가 및 디자이너는 AI가 제안하는 참신한 팔레트를 토대로, 보다 깊이 있는 창작을 시도하게 될 전망이다(Gatys et al., 2016).

특히 창작 도구가 클라우드 환경에서 공유되면, 색 데이터를 전 세계 디자이너와 예술가가 실시간으로 교환하며 창작의 폭을 넓히게 된다. 데이터 기반 색 창작은 서로 다른 예술 장르 간 융합을 촉진해, 예컨대 건축, 패션, 시각 예술이 교차하는 새로운 패러다임을 만들어 낼 수도 있다. 이는 인간의 미학적 직관과 기계의 방대한 탐색 능력이 결합된 결과물이 될 것이다.

산업 전반에서 색의 역할 확대

단순 제품에서부터 대규모 생산 라인까지, AI 컬러 매니지먼트와 맞춤형 색 추천이 보편화되면, 색은 기업 경쟁력의 중요한 축으로 부상할 가능성이 높다. 과거에는 '디자인 요소'로만 간주되던 색이 이제는 구매 결정, 사용자 경험(UX), 브랜드 포지셔닝 등 경영 전략 전반에 깊숙이 스며들 수 있다(Labrecque et al., 2013).

예를 들어, 자동차 회사는 차종별, 지역별 선호 색 데이터를 AI가 예측해 생산 라인을 운영하고, 소비자는 온라인에서 원하는 색 옵션을 실시간으로 조합해 주문할 수 있다. 패션, 뷰티 업계에서는 개인별 피부 톤 분석을 기반으로, AI가 천차만별의 색상 버전을 빠르게 제안하고, 실시간으로 제품 생산에 반영하는 맞춤화 시대가 열릴 수도 있다. 이는 제조와 소비의 경계를 더욱 유연하게 만들어, 색 중심의 초개인화된 시장을 탄생시킬 것으로 예상된다.

일상에서의 AI 색 조정과 접근성

모바일 기기나 웨어러블 디바이스가 이용자의 주변 환경을 인식해, 화면 색을 자동으로 바꾸거나 조명을 개인화해 주는 기술은 점차 확산될 것이다. 예컨대 AI가 태양광 세기, 실내조명 온도 등을 체크해, 스마트폰 디스플레이나 조명 장치 색을 조절해 눈 피로도를 줄이는 식이다.

또한 색각 이상자를 위한 일상형 AR 보정 기능도 발전해, 개개인이 자신만의 '맞춤형 색 세계'를 생활 속에서 구현할 수 있을 것이다(W3C, 2018).

이는 단지 '불편함 해소'를 넘어, 사람이 원하는 감정 상태나 집중도를 지원하는 색 환경을 마련해 주는 방향으로 나아갈 수 있다. 예컨대 집 안의 조명을 특정 시간대에 차분하고 심리적 안정감을 주는 팔레트로 자동 전환하거나, 스트레스 수준이 높을 때 컬러 테라피 효과를 고려한 조명으로 바꿔 주는 방식이다. AI가 색을 '감정 조절 기제'로 활용하는 시대가 다가오고 있다.

문화·예술적 함의: '색'의 권위와 주체성

AI가 색을 정의하고 추천할 때, 인간은 그 결과물을 어느 정도 신뢰하고 의존하게 될까? 이는 '색'에 대한 권위와 주체성이 인간 중심에서 기계 중심으로 옮겨 갈 수 있음을 시사한다. 적어도 일부 영역에서 AI가 '더 잘 맞추는' 색 배합이나 감성적 효과를 제안하면, 인간은 자신의 직관보다 AI의 계산 결과를 우선시할 가능성이 있다(Elliot & Maier, 2014).

이때 예술가나 디자이너의 역할은 과연 무엇으로 남게 될까? 색의 창조와 선택에서 AI가 큰 역할을 해 주는 만큼, 예술가는 기계와의 대화 및 협업 과정에서 새로운 영감을 얻고, 개성 · 철학을 반영하는 과정을 통해 '인간적 깊이'를 구현하게 될 것이다. 이는 과거 사진 기술이 회화에 가져온 파격적 변화, 더 나아가 디지털 아트가 전통 예술계에 끼친 영향과 유사한 맥락으로 볼 수 있다.

데이터 편향과 균질화 문제

한편, AI가 학습하는 데이터가 특정 문화권이나 취향에 치우쳐 있다면, '색의 균질화'가 발생할 위험도 있다. 대다수 사용자가 좋아한다고 판명된 색만이 주류로 자리 잡는다면, 소수 취향이나 실험적 색은 가려질 수 있다 (Labrecque et al., 2013).

또, 알고리즘 편향이 문화적 다양성과 소수 취향을 제대로 반영하지 못하면, 색의 표준화가 오히려 창작 다양성을 제한하게 될 수 있다. 이는 예술적 측면에서도, 시장 논리만으로 색이 획일화될 위험이 있음을 시사한다. 따라서 AI 시대의 색채 문화가 다채로운 상상력을 꽃피우기 위해서는, 편향 문제를 인식하고 다양한 시각 확보와 데이터를 균형 있게 포섭하려는 노력이 필수다.

윤리적 책임과 개인정보

AI가 제공하는 색 추천이나 보정 과정에서, 개인정보가 더 깊이 활용될 수 있다. 사용자의 신체 데이터(피부 톤, 생체 신호), 감정 상태, 구매 이력 등이 색 분석에 들어갈 경우, 정보 보호와 윤리 문제가 뒤따른다. 또한 개인의 심리 상태나 문화적 배경을 AI가 함부로 '색 선호'로 분류해 광고나 마케팅에 사용한다면, 프라이버시 침해가 우려된다.

결국 사용자 동의와 안전한 데이터 관리 체계를 갖추는 것이 필수적이다. 색채 AI가 발전할수록, 더 민감한 개인정보가 처리될 수 있으므로, 기술 개발자와 기업은 투명한 정책과 협약을 통해 신뢰를 쌓아야 한다.

결론: 확장된 색의 세계

AI는 색을 바라보는 방식 자체를 바꾸어 놓고 있다. 색은 더 이상 감각적, 미학적 요소에 그치지 않고, 방대한 데이터와 알고리즘을 통해 인간의 경험, 감정, 취향을 정교하게 해석해 내는 도구로 작동한다. 이는 예술과 디자인, 마케팅, 제조, 일상생활 전반에 걸쳐 색의 영향력을 확장할 것이다.

앞으로 색은 '인간이 직접 느끼는 아름다움'과 '기계가 예측하고 제안하는 효율'이라는 두 축 사이에서 더욱 풍부한 시너지를 만들어 낼 전망이다. 이 책에서 다룬 다양한 분야의 사례들은, AI가 가져올 색채 혁신이 단순히 일시적 유행이 아니라, 우리의 시각 문화와 산업 전반을 재구성하는 변화임을 시사한다. 이 변화 속에서 우리는 더 개인화된 색을 누리고, 더 창의적인 예술을 만나는 동시에, 색의 의미를 다시금 돌아보게 될 것이다.

참고문헌

Elliot, A. J. & Maier, M. A.(2014). Color psychology: Effects of perceiving color on psychological functioning in humans. *Annual review of psychology*, 65, pp.95-120.

Gatys, L. A., et al.(2016). Image style transfer using convolutional neural networks. In Proceedings of the IEEE Conference on Computer Vision and Pattern Recognition(CVPR), pp.2414-2423.

Labrecque, L. I., et al.(2013). The marketers' prismatic palette: A review of color research and future directions. *Psychology & marketing*, 30(2), pp.187-202.

W3C(World Wide Web Consortium)(2018). Web content accessibility guidelines(WCAG) 2.1, https://www.w3.org/TR/WCAG21/

김환

서울사이버대학교 AI융합대학 AI크리에이터학과 학과장이다. 성균관대학교에서 기술경영학 공학박사를 수료하고 서울과학기술대학교에서 정보통신미디어공학으로 박사 학위를 받았다. 컬러테크연구소 소장으로 디지털 디스플레이(Digital Display), 디지털 컬러 매니지먼트(Digital Color Management), 뉴럴 래디언스 필드(Neural Radiance Field) 및 생성 인공지능을 통한 콘텐츠 제작의 연구와 자문을 수행했다(2012~2023). 한양대학교와 성균관대학교에서 4차 산업혁명 기술과 생성 인공지능을 주제로 강의를 진행했다(2015~2023). 국가기술자격 정책심의위원회, 국가직무능력표준(NCS) 전문위원, 교육부 원격대학 교육혁신 지원사업 사업총괄책임자(PM)로 활동하고 있다. 저서로 『생성AI로 완성하는 차세대 영상 제작』(작가와, 2025), 『AI와 유튜브 크리에이터』(커뮤니케이션북스, 2025), 『ChatGPT 교육·미디어·업무 혁신 교과서』(북랩, 2025), 『GenAI: 생성인공지능의 이해와 활용』(북랩, 2024)이 있다.